新手父母

# 撕掉孩子的NG標籤

## 先接納、再賞識，就能順應特質教

超夯親職講師
王君卉（王晴）◎著

推薦序 1

# 回到孩子高度，就能使用同理角度

米米（迷路媽、親子部落客&暢銷作家）

老天給了我兩個有過動症的孩子。雖然幾度被醫生判定「不吃藥就沒有明天」，但一路走來，我們的心情始終是愉快的，張開眼，日日都是全新嘗試，隨時隨地都可以從容而彈性的調整前進方向。

究竟，老木我為什麼可以如此老神在在？答案很簡單，因為老木本身就是一個資深的老過動兒啊。

世人眼裡的瑕疵，有時也是上天的另一種恩賜，在「動動人」的世界裡，總因為叛逆而不肯乖乖向命運屈服，總因為注意力缺失而使得挫折與感傷無法久留，更因為生性熱愛挑戰而將他人無法承受之難，視為引爆我們澎湃熱血的新鮮事，把難關當做心魂之間的趣味大冒險，愈難，愈好玩。

世事就是這樣，一體兩面，在這不完美的土壤裡，或許會開出一朵人們不曾見識與想像不到的精彩小花。

老木何嘗不曾想方設法。從過敏原檢測、飲食調整、加強平衡感運動、進化教育觀點與執行啟發式課業引導等，在各個方面著手，孩子也從嚴重落後到慢慢進步，小四之後，許多部分甚至是超越同儕的。

藥是礙，陪伴才是愛。我們不聽話，我們沒有乖乖吃藥，但是愛讓我們不斷演化成更好的媽媽與孩子。

即使演化的過程值得，努力的經驗深刻難忘，但在看了這本書以後，總還是會忍不住地怨嘆：「哎呀，如果當年手邊能有這麼一本『指導手冊』，不知道可以省下多少的心力與時間啊？」

老木誠心推薦給所有的大人，無論是媽媽、爸爸、爺爺、奶奶或老師。當你忘了自己也曾是個頑皮的孩子，就讓這本書帶著你回到純真的歲月裡，回到孩子的高度，牽起孩子的手，用同理的角度成就最美的關係。

推薦序 2

# 溫暖動人的教養實境秀

戴勝益（益品書屋董事長、王品集團創辦人）

「人生就像茶葉蛋，有裂痕才會入味！」

想要讓人生滲透入味，滋味引人入勝，要能挺身承擔環境的壓力，要能勇敢面對橫逆的挑戰，總之，生命中要「有血」「有淚」「有汗」「有掌聲」「有磨練」等，缺一不可，才會像裂痕均勻的茶葉蛋。

父母教養孩子的過程，是一個添加精彩度的過程。不只會經歷生活中的酸甜苦辣，還會度過生命中的陰晴圓缺，這是鍛鍊孩子具備強大特質和各式能力的絕佳機會，更是豐富他們的視野及經驗的巧妙安排。

然而，大人從中獲得的體悟，更是無價之寶。帶領孩子成長，自己也同步往前邁進。幾年後回過頭看，便會感謝自己當初的耐心與包容。

父母是孩子最重要的「啦啦隊」，不能替他們活，但要替他們加油。支持他們的夢想，守望他們的憧憬，參與他們的磨難，陪同他們的起伏，並要喚醒孩子「心中的巨人」，活出不一樣的生命體驗。

生命即是教育，王老師這本親子教養書，不僅貼切父母的真實心聲，還能有創意的提出實用方法，趣味破表，感性滿分，真誠十足。這本「教養祕笈」看不見硬梆梆的制式教條，只有溫暖動人的教養實境秀，值得再三品味。

# 因時制宜的因材施教

湯子瑢（玩樂教養實踐家、《玩出孩子的新視野》作者）

隨著孩子一天天長大，我發現父母教育方式也要隨著孩子的成長，不斷地進行修正。這是在我感覺到，本來在孩子五歲時很有用的方法，到了七歲卻不太管用，還有點使不上力，體悟到的道理。

當孩子長大，思考及行為都會相對成熟，有更多自己的意見及想法。其實，這算是一件好事，這代表孩子有進步有發展，但很多大人不敢（或不想）面對這一刻，尤其是在被孩子反抗的當下。

對企圖要「以不變應萬變」的大人而言，會覺得「孩子怎麼會變得那們不聽話」，以前明明都很好很OK的，為什麼現在說什麼都不肯了，「難道，我家的孩子出了什麼問題嗎？」

有時候，是身為大人的自己，忘記要成長了。沉浸在孩子才五歲的情境裡，以為照著之前的教育方式，孩子就會順利地愈長愈大，事實不然。父母必須配合孩子的心智成長速度跟著成長，適時地調整自己的腳步及心態，所謂的因材施教也要因時制宜才行。

讀到關於做家事的篇章，我特別有感。以前，孩子剛開始學會做家事時，很愛做，也常主動做，做得很開心。但上小學後，老師要求每天都要在聯絡簿上寫上所做的家事，就慢慢變成有目的性才做——擔心沒做家事，聯絡簿上沒得寫，所以趕快隨便做一樣，這樣才能交差了事。

發現到這點，我趕緊找機會跟孩子溝通，重建那個快被遺忘的觀念：「家事是全家人的事，做家事是培養自我照顧生活的方式，並不是為了寫給老師看、獲得讚賞」。當然，不是溝通完立刻有效，孩子仍會為了聯絡簿，而刻意找個桌子擦。我想，七歲的孩子需要有更多時間去思考。

過一陣子，某天又剛好沒做家事，我說「沒寫家事耶」，孩子笑笑回應「沒關係啊，就算有做也不一定要寫，我自己知道有做就好」。其實，孩子有把我的話聽進去，還花了些時間自己驗證，思考過後行為更成熟了。

我時時刻刻都在提醒自己，要多方面吸收教養經驗談，或許某些書上講的現在用不到，但以後用不用得到可說不定，反之，現在覺得自己很有用的一套，以後續用的可能性也不高，手邊若沒有備有幾本書參考，很容易就會出現讓人措手不及的苦惱。隨時調整方式，會讓教養工作輕鬆許多。王老師書裡妙招多，是本實用性很高的教養參考書，很值得收藏。

# 孩子並不壞，他只是想要愛

## 畢業典禮遙遙無期的教養這堂課

孩子放對地方，就是天才，即能展現無限的可能。家長用對方法，就有改變，即能創造未來的希望。

當父母是一輩子的事，教養孩子的課程，很抱歉，暫時還不會有畢業的一天，因為這是需要持續學習、不斷練習，還要透過行動實踐、執行操作，才能造就的「言教」與「身教」。

一位能夠懷抱熱忱、好學不輟的爸爸或媽媽，是送給孩子最寶貴最難得的大禮，也是家庭幸福的保證書。這比大房子大車子都重要太多。

身兼媽媽與老師的雙重角色，歷經二十多年個案輔導、教養與教學工作，看遍千「例」萬「事」，也算得上是身經百戰了，豐富經驗值讓我成了頭痛家長的教養顧問，他們給我「菩薩」「媽祖」「浮木」「救生圈」等，還有「變形女金剛」「IPHONE無限升級版」稱號。

大概看我熱衷幫助與分享，演講一場場，好比巡迴遶境，傳播智慧的教養種子，解救陷於水深火熱的大人，也自覺「孩子是魔高一尺，父母更要道高一丈」，督促自己要與時俱進，不斷進化，升級再變通，提供更適時有效的教養妙方，才能度過重重關卡，親子一起升級。

十多年前，我毅然辭掉教職，跑到國外進修、轉換跑道，就是希望自己能像投入水池的小石子，激起不斷向外擴展的漣漪，發揮影響力。我找到實用的生活技術，並歸納整理，替爸媽破迷思、拆地雷，再放入自己的「教養工具箱」，在適當的時機取用，成為成長的滋潤，為親子雙贏的森林盡一分心。

當知識變成方法，才能「知行合一」。觀念啟蒙乃是教育的基本功，正確觀念才能引發明智執行力。持續行動，才能成就真正的能力。**做就對了，一次行動勝過一千次的空想。別想能不能，只想如何能。**

## 孩子並不壞，他只是想要獲得愛

孩子並不壞，他只是想要大人的愛，渴求大人的了解罷了。搗蛋，是為了測試有無重視他，犯錯，是希望大人注意他的存在。有孩子告訴我，「千萬不能變正常，不然就得不到爸媽的關心了」，實在讓我哭笑不得。

有孩子卻說，「反正爸媽也不相信我會變好，那就直接壞到底給他們看」。因為達不到要求，被貼上NG孩標籤的孩子，會因為不被爸媽賞識，而認為自己不夠好，嚴重的話，還可能變得自暴自棄。

我相信，沒有天生壞的孩子，只有不被理解的孩子，和找不到好方法來教來養的父母。更堅信NG孩子可以造就OK父母。很多時候，孩子的NG是來自達不到大人所訂的一百分。偏偏望子成龍，望女成鳳的期待，會讓這個一百分，隨著孩子有所進步，而一次又一次地提高標準。

無限上綱的結果，把孩子身上貼滿了標籤，貼上一張，就遮掉一些些自信與自尊。然而，**完美主義是一種慢性中毒。唯有接受並接納孩子的出槌，賞識他「做得到」的部分，才能取得解毒處方。**

更何況孩子需要的是「伯樂爸媽」，呵護夢想與嚮往，激發天賦與亮點。大人像是成長過程中的鷹架，支持著孩子順天性而上。帶領孩子走在前往目標的路，重要的是「持續前進」，而不必過度在意是否站上里程碑。

「授人以魚，不如授人以漁。」教養，不是直接給魚吃或告訴他大魚在哪裡，而是要教他如何去補，這才是生活利器。賦予孩子翅膀，不如教他如何飛，讓他能自食其力，擁有最佳生存力。**努力成為在孩子翱翔翅膀下的風，「助」他一臂之力，而不是「阻」他一生。**

## 管與不管的教養蹺蹺板

進退之際與收放之間的平衡，大人必須拿捏得當。

父母對孩子是有責任的，畢竟，孩子仍然需要良好的掌控，不過，「管得太多」與「完全不管」都是失衡管教。想像一下，讓孩子坐在腿上，輕輕扶著他的腰間，防止他坐不穩而跌倒，並享受著親子最舒適的距離感。

此時，大人為了拉近彼此距離，而愈來愈用力地抱緊孩子，開始霸道的占有時，他就會愈來愈不舒服，甚至想要掙脫大人以為是愛的束縛。孩子可能會哭鬧和反擊。可是，在緊抱之前，他其實是很開心很滿足的。

有智慧的爸媽就能體會。適當鬆手，孩子才能輕鬆釋然。適當收手，孩子就會學習承擔該負的責任。適當放手，孩子足以展現能力，自在翱翔。

權威性的高壓教育，放任性的縱容教育都不好。這就像是玩蹺蹺板，取得平衡的控制，才能延續樂趣。給孩子自由的範圍內，仍要求紀律與規範。取捨之間要盡量達到：**規矩大於寵愛，理解大於溺愛。寬容勝過縱容，參與勝過干預。自由而不隨便，愛玩而不貪玩。輔助但不盲助，成就但不遷就**。

把孩子當朋友，不是要他爬到頭頂上，變得沒禮貌沒規矩，更不可以讓他為所欲為，而是藉由彼此間的良好互動，教他知曉做人處事之道。期間，更要耐住性子的引導與協助。

要給孩子適量適度的自由與控制，大人必須先放下為人父母的焦慮與執著。叮嚀自己不對孩子做多餘的安排，提醒自己不對孩子做刻意的干涉。如同平衡天秤時，調整砝碼，控制好力道與重量，拿捏好分寸與界限。

## 撕掉NG標籤，就能看到孩子好的一面

再溫柔的女人，當了媽媽之後，很容易變成目露凶光的母夜叉。再斯文的男人，當了爸爸之後，也很容易變成不通情理的暴王君。要爸媽不發怒不動氣，淡定優雅的教孩子，實在是非常難。

面對家裡的NG孩子，如「迷糊妹」「暴走哥」「拒學王子」「賴床公主」「亂室佳人」「汗味戰士」「懶惰女王」「脫線寶貝」「刺蝟小孩」「愛哭娘娘」「勁量電池」「孫悟空男孩」「跳躍女俠」「烏龜慢郎中」「噴火龍太子」「賴皮小霸王」「說謊小高手」「不做事皇帝」「恍神外星寶寶」……，雖然，聽起來不是什麼大不了的問題，但大人卻總是很難搞定出槌的狀況嗎？

一而再再而三的指責與處罰，或情緒化的命令與恐嚇，就像把NG的標籤一層一層的貼上去，愈貼愈牢固。被貼上標籤的孩子，眼見沒有翻身餘地（也沒人想幫他翻身），乾脆就放棄任何改變的機會了。其實，要搞定這些NG小孩，需要的是正面的態度與正向的方法，這才能達到從容不迫、達觀自若、氣定神閑、超然豁達的教養境界。

我很喜歡觀察和研究親子之間的各種互動，更喜歡「幫助」那些手足無措的爸媽或孩子，當我看到有人因為我的分享而擁有更好的生活時，快樂的因子會讓我感到非常值得。這本書，就是以此原則去規劃，讓更多人可以循序漸進的學習與練習，讓教養之路走得游刃有餘，進退自如。

這本書出版之前，我有將近十二年的時間，透過演講傳達這套概念，誠摯感謝這些日子以來，家長與教師求知若渴的學習態度，與躍躍欲試的積極，因為你們總是迫不及待將我說的付諸行動，透過操作與實驗使教養更加分，並回饋給我壯大信心的美好結果，促使我寫下這本書。

真心期盼這本書能成為各位讀者的借力大師，透過書中的觀念借力使力，讓教養孩子的過程，變得比較輕鬆簡單、有趣好玩。教育沒有捷徑，需要高超智慧，更要耐心經營。我「種下一顆種子，預約一片森林」，冀望將這顆「種子」同時播在你家或班級裡，並能開花結果。

# 目錄

推薦序1 回到孩子高度，就能使用同理角度◎米米 4
推薦序2 溫暖動人的教養實境秀◎戴勝益 6
推薦序3 因時制宜的因材施教◎湯子瑢 8
作者序 孩子並不壞，他只是想要愛 11

## 破除迷思的教養新法篇

### 1 別用『孔融讓梨』教分享

30 — 到底是大人「鴨霸」，還是孩子「鴨霸」？
32 — 強迫孔融讓梨，小心教成「以牙還牙」
33 — 所有權被尊重，孩子就會主動分享

### 2 『連坐法』的惱人副作用

35 — 獲得擋箭牌的孩子v.s幫忙揹黑鍋的孩子
37 — 停止責怪循環，責任不用無限放大
38 — 巧妙營造「一人得道，雞犬升天」的氛圍

### 3 別總是要孩子去『適應環境』

41 — 不願適應環境的人，就只能淪為邊緣人？

43－別把不合理的要求用「磨練」合理化
44－主導與改變環境，是一場華麗的冒險

4 選擇『說謊』的隱性原因

46－說謊不是想騙人，是要拿到「免死金牌」
48－別成為扼殺誠實與正義本性的大人
49－給空間說實話，讓孩子知道「自己很安全」

5 為什麼「知錯不改，一犯再犯」

51－相同錯誤一再發生，悔改戲碼重複上演
53－知「錯」不會改，只會想證明「自己沒錯」
54－知「對」才能改，恢復孩子對的能力

6 翻轉『過動兒』的討厭形象

56－坐立不安、不專心、容易暴走的「勁量電池」
57－幫孩子成功撕下「過動」標籤的十個妙招

Contents

## 7 刺蝟和綿羊都是好小孩

61—刺蝟小孩勇敢展現的是主見與自信
62—綿羊小孩有時不是乖，只是有話不說出來
64—賞識孩子個性特質，用寬容態度來面對

## 8 陪孩子面對與穿越負面情緒

66—還在叫孩子「不哭」「別怕」「不准生氣」嗎？
68—把事情說出口，就是宣洩的好出口
69—面對與穿越壞情緒的「心靈橡皮擦」

## 9 轉移注意力，暫停壞脾氣

71—觀賞周遭的事物，享受當下的環境
72—找出有興趣的事，培養休閒娛樂或嗜好
73—身體動起來，散步、旅遊或打掃都行

## 10 親子溝通最怕走到『單行道』

75—摧毀孩子必敗公式＝否定式管教＋體罰
76—禁止雙向通行的單行道，讓孩子逃之夭夭

77—雙向溝通必勝公式＝同理傾聽＋神奇咒語

11
當個愛發問的『好奇寶寶』
79—溝通踩地雷：「強迫性命令」和「壓倒性灌輸」
80—爸媽這樣問，孩子的祕密藏不住
82—好奇爸媽愛發問的五個驚人功效

12
搖身一變的『超好聊』爸媽
84—沒有話題、聊不下去，都是代溝惹的禍？
86—循序漸進三原則，親子對話超展開
88—突破身分的隔閡，變身「超好聊爸媽」

13
孩子不是大人的『附屬品』
90—教養不是訓練動物，別放任虛榮心作祟
91—勿忘我—只有自己才能決定「自己的樣子」
92—找出孩子生命鑽石，他就會想辦法琢磨自己

Contents

## 14 向阿拉丁神燈要『想像力』

95—想像力是實踐夢想的超能力
97—努力養胖孩子想像力的兩個方法
98—置身夢想國度的超級力量

## 15 別逼孩子用『叛逆』證明活著

100—是孩子愛唱反調，還是爸媽愛找麻煩？
102—別再把緊迫盯人視為愛的象徵
103—撤除布局在孩子左右的嚴密雷達網

## 16 接受孩子『想幫忙』的好意

105—孩子期待「幫到忙」卻被嫌棄「幫倒忙」
107—自以為的體貼，反成「幫助失敗」元凶
108—給予「幫助成功」的經驗，收服孩子的心

## 17 人人恐懼的『魔鬼氈』保護法

110—天塌下來都會努力扛的怪獸家長
112—扮演教練角色，讓孩子帶著鼓勵與建議上場

113—過度呵護是「礙」，適度保護才是「愛」

18 不要忽略孩子的『工作權』
115—獲得全然信任，孩子就懂得負責任
116—沒有工作權利，大大提升犯罪機率
118—打工是賦予能力的「最佳養成術」

19 擾亂孩子步伐的『兔子爸媽』
120—操之過急的菁英計畫，削弱孩子學習熱情
121—親子聯手商量計畫，孩子才會乖乖遵循不賴皮
123—只要持續往前，終究能到達終點線

20 搶救被3C產品綁架的家
124—還在貪圖教養便利，用3C來餵孩子嗎？
126—爸媽的即刻救援要包含「開始、改變、停止」
129—教養情境放入秩序，孩子上網不迷惘

Contents

## 拆解地雷的金牌步驟篇

### 第1步 聚焦在當下的『收心操』

134 操作撇步 看一看周圍景觀，摸一摸身邊事物
135 情境1 聽講或聽課前的神遊時光
136 情境2 令人緊張的大考或關鍵時刻
137 情境3 面對分離焦慮與拒（懼）學的孩子
138 情境4 破不了關造成的心煩氣躁
139 情境5 偶發的身體不適或賴床
140 情境6 記性不及格，忘性卻一級棒
140 情境7 害怕的情緒與低落的心情

### 第2步 營造幸福感的『開心操』

142 操作撇步 鼓勵從事喜歡或有興趣的活動
143 情境1 既然靜不下來，乾脆動個開心
144 情境2 擺脫內向束縛，靠興趣交朋友
145 情境3 不再高高在上，拉近親子距離
146 情境4 釋放壓力，學習更有效率
147 情境5 睡覺不見得是消除疲勞最佳辦法
148 情境6 教養過程，爸媽也需要做開心操

## 第3步 雙向溝通的『神奇咒語』


150 操作撇步 先同理以對，才能「換句話說」
151 情境1 晨間不戰爭，輕鬆告別起床氣
152 情境2 互相較勁的正義之士（抓耙子）
153 情境3 未達目的就持續碎念的孩子
154 情境4 把惡作劇當有趣的偏差行為
155 情境5 同儕、手足、玩伴間的爭吵或鬥嘴
157 情境6 夫妻相處時的「答話」藝術


## 第4步 突破心牢的『心靈橡皮擦』


160 操作撇步 問他、聽他、懂他，當個心靈捕手
161 情境1 觸景不傷情、擺脫惱人夢靨
162 情境2 回憶過去，痛苦的往事忘得了
163 情境3 面對出口成髒，萬萬不可硬碰硬
165 情境4 截斷孩子「不想活了」的意念
167 情境5 失戀不是失去全世界的練習曲


Contents

## 第5步 增強正能量的『倚天劍』


操作撇步 回想開心往事，增加感官使用度 170
情境1 善用感官回憶往事而發現天賦 171
情境2 不只情緒穩定，專注力也變好了 172
情境3 削弱驚恐噩夢的美夢製造機 173
情境4 訓練敏銳觀察力，更懂得察言觀色 174
情境5 幫自己從谷底竄出的超正向能量 175
情境6 白日夢想像工廠，希望無限擴大 176


## 第6步 殺掉惡魔聲音的『屠龍刀』


操作撇步 寫下惡魔聲音，並徹底的毀滅它 178
情境1 贏得內心戰鬥，就能重拾自信心 179
情境2 想法大掃除，心靈垃圾全滾開 180
情境3 停止鑽牛角尖，不再自陷困境 181
情境4 為他人也為自己集氣的支持力量 182
情境5 培養「樂觀力」，加強「行動力」 183

## 第7步 主動反省的『真心話不冒險』

186 操作撇步 和孩子一起找到「對的理由」
188 情境1 讓孩子盡情辯解，他會自省做錯的事
189 情境2 得到足夠的「對」，就是改過自新的機會
191 情境3 心聲不被忽略，激發面對錯誤的勇氣
193 情境4 角色互換小問大，爸媽也可以講真心話

## 第8步 說『謝謝你幫助』的超強力道

196 操作撇步 增強感謝力道要說「謝謝你的幫助」
198 情境1 加倍耐心與包容，激發孩子做事能力
199 情境2 施行「完美主義」造成的慢性中毒
200 情境3 冷戰破冰與修復裂痕的化學作用
201 情境4 製造手足或同儕相互合作的幫忙機會
202 情境5 用正向貢獻（成功幫助）取代負面處罰

Contents

# 破除迷思的教養新法篇

孩子老是出狀況題、投變化球嗎？
父母要當最稱職的啟蒙者和教育家，
先破除迷思，讓家中氣氛不再陰雨綿綿，
接著融通正向觀念，終能揮出強棒。

## 1 別用『孔融讓梨』教分享

孩子不想分享，不一定出於自私自利的心態，搞不好是覺得自己權利被剝奪了。想教孩子「分享，勝過獨自擁有」，先要重視孩子的「所有權」和「歸屬感」，在可以自己決定「借或不借」的當下，孩子通常樂意分享。

### 到底是大人「鴨霸」，還是孩子「鴨霸」？

這是發生在我女兒身上的故事。女兒讀小學一年級時，我無意間發現，她與表妹或其他小朋友玩耍時，變得斤斤計較，自私而孤僻，完全不想和人分（共）享玩具或食物，還會批評要求她分享的大人「鴨霸、偏心、不公平」。

察覺女兒個性與態度有別以往後，我並沒有像身邊其他大人（外公、外婆、舅舅等）那樣，馬上予以糾正，我心想，要是這樣的做法有效，女兒早就改了。所以，我先不動聲色，但更加關注她的生活細節與人際互動。果然如我所料，她的反抗與不滿是有原因的。

那陣子，只要女兒與表妹出現爭執，外公外婆常是二話不說，就要她禮讓表妹，因為女兒是同輩孩子之中，年紀最大的啊，理當要比較成熟、懂事，要更體貼、照顧妹妹才對。或當表妹玩不到，乾脆卯起來哭鬧、耍脾氣、硬搶時，外公外婆也直接認定「姐姐就該哄妹妹」，為了讓她們安靜下來，還要女兒：「不要這麼『鴨霸』，先給妹妹玩再說啦！」

還有，女兒的表妹很喜歡吃肉粽裡的香菇，有次，舅舅竟然在沒有經過女兒同意的情形下，直接從女兒碗裡把香菇夾給表妹。我下班回家後，女兒生氣地轉述，控訴著舅舅的不公平與不禮貌。

類似場景發生的頻率很高，久而久之，造成女兒心理不平衡與情緒上的失落。我幾乎三天兩頭就會聽到女兒委屈抱怨：「媽媽，東西明明是我的耶，為什麼都不用問我『好或不好』，就『強迫』我和別人一起玩或一定要讓給別人呢！」

很多父母應該都遭遇過類似「擺不平」的場面吧。最尷尬為難的是——親戚朋友帶著與自己兒女年齡相仿的孩子到家裡拜訪的時候，父母難免會因為「面子問題」和「旁人心中的那把尺」，於是勉強自己的兒女犧牲。無論如何，就是要孩子大方一點，還要無私分享。

## 強迫孔融讓梨，小心教成「以牙還牙」

教孩子「懂得分享」是很棒的品格養成。不過，父母往往忽略掉孩子「個人所有權」。從小沒有建立正確的「個人所有權」觀念，也就是自身「財務觀念」，容易導致孩子價值觀或行為偏差。當孩子認定東西（或金錢）沒有明確歸屬，任何人都可以擁有和占據，加上有被大人強力剝奪所有權的經驗，會讓他未來以相同方式來對待人，形成「以眼還眼，以牙還牙」的心態。

有的爸媽會遵循另一套標準——「孔融讓梨」。小的讓給大的，本是讚揚孩子謙恭禮讓，但若不是出於自願，便失去原有意義。或同樣以不公平待遇和偏頗做法促成的「大讓小」，也會讓孩子不知所以。爸媽各有想法與考量（怕尷尬、怕孩子被說沒家教、怕孩子被說自私），卻忘了考慮到最重要的「財務觀念」。

東西或金錢都有「所有權」，必須界定歸誰所有，想要所有人分享或借人，得徵求對方的意願和決定。**孩子擁有權利去保有他的「自決力」。能自己做決定的能力，才是「理性」的能力。**所以，父母別再強人所難，試著對孩子「講道理」，他長大後才會跟人講道理呀！

## 所有權被尊重，孩子就會主動分享

為了改善女兒的狀況，我做了修復與導正。某一天下午，大寶（女兒表妹）又想向女兒要玩具玩，但女兒堅持「不要」，大寶因此哭得很傷心。在沒有其他大人干預下，我利用這個偶然機會，恢復女兒的自決力和所有權。

我安撫女兒與表妹，要她們「不要急，我來幫忙想辦法吧」。我鄭重地告訴女兒（不是悄悄話，是大寶聽得到的音量）：「媽媽了解妳不想借的心情。不借也沒關係，因為這個玩具是妳的呀，本來就有權利可以決定要借或不借。這樣好了，妳可以思考幾分鐘，過一會兒再告訴我『要不要借給妹妹』。慢慢想，妳可以自己做決定！」

接著，我以同樣的模式告訴大寶，也故意要講給女兒聽：「大寶，阿姨知道妳很想玩這個玩具，這真的是個好特別的東西。可是，玩具是姐姐的啊，要不要借給別人玩，還是要由她自己做決定才可以。我是覺得姐姐蠻有愛心的，應該會借妳。以後妳有好東西，應該也會借給她，是嗎？我們要有耐心，讓姊姊想一想，等姐姐做決定，阿姨陪妳一起等。」

說完，大概不到一分鐘吧，女兒便主動對大寶說「玩具借給妳玩。但妳要小心一點喔」。最後，兩人玩在一起，皆大歡喜。**大人給孩子「選擇」的機會，他就會做出「同意」的表現。**這就是我預期的好結果——讓孩子明白道理，由他自己做主，自己決定，並做出合情合理的宣示。

我曉得同處一個屋簷下的大人，會有各自衡量標準，一旦孩子接收的訊息「因人而異」，他們可能會感到困惑、無所適從，若總是遭到不平待遇，更是會心生不滿。因此，大人之間要溝通好，全家要用相同立場、態度和標準去執行，並保有「公平公正」的原則。

為此，我特地花時間和孩子的外公外婆溝通，請他們盡量給孩子正確的「分享觀」，也提到處理類似情況的經驗。後來，因為大人達成共識，開始重視孩子的「所有權」和「歸屬感」，我女兒的負面情緒逐漸舒緩，恢復以往的貼心，也變得樂意分享了。

# 2『連坐法』的惱人副作用

「一人犯錯『大家』當」的連坐法，會導致團體中沒人想負責、彼此敵對、傷害人際關係，甚至出現排擠現象。與其讓孩子接受被動責任，不如教他們檢視自己「該做與不該做的事」。欣然主動的責任感，才是真正的責任感。

## 獲得擋箭牌的孩子 v.s 幫忙揹黑鍋的孩子

以前家庭孩子生得多，大人忙工作，顧不來，很常是大孩子照顧小孩子。於是，若年幼的弟妹不乖、做錯了，身為兄姐的大孩子，可能要一起被處罰，甚至罪加一等。像是弟弟偷錢，姐姐因為「無效監督」必須一起受罰。或相約出門玩，妹妹受傷回家，哥哥「未盡職責」要被罰站等。但這種情況並沒有因為現代孩子少而消失，不只在家裡，學校、安親班也會有。

我到學校演講時，看到不少老師會在班上實施「組別競賽」。不論是秩序或課業成績，只要同組有同學表現不佳，全組都跟著遭殃——少數幾個同學上課愛喧鬧、愛講話，全組一起罰站或罰抄課文。或一個人遲繳作業、沒寫功課，全組都不準下課。老師初衷絕對是好的，分組的目的大概是想利用同儕制約的群體力量，讓孩子之間互相督促與規勸，不只是「自掃門前雪」，而是要發揮合作精神，好提升團隊榮譽感與責任心。

不過，連坐法管理會造成極大副作用。受牽連的孩子，會因為承擔莫須有的罪名而感到莫名其妙，認為「自己真是倒楣透頂了」，不想再當哥哥、姐姐，或不想跟「老鼠屎」與「害群之馬」同組。對這些孩子而言，這是不公平、不公義，似乎是在幫別人承擔業障，而且還有冤難申，長期下來，怨聲載道：「奇怪，明明就是別人問題，怎麼變成我也有錯啊」「我不想再當○○的姐姐啦」「都是△△害我們這組不能加分的」……。

總有擋箭牌可以用的弟妹或同學，覺得再慘都有人幫忙揹黑鍋（陪同受罰），變得得過且過，更不想負責，雙方關係肯定更加的對立與撕裂。手足間的狀況或許隨著時間過去慢慢變好，但同儕間卻抹煞和平、互相排斥，彼此的嫌隙愈來愈難以修復，被排擠的少數幾個人（通常會是犯規犯錯的那幾個），搞不好就自暴自棄，擺爛到底，反正天塌下來都有人幫忙扛。

## 停止責怪循環，責任不用無限放大

連坐法就像古代當權者為了免除後患，主張「一人犯罪，連誅九族」的失控責怪循環。使用團隊力量來約束，互相督促提醒，進而產生向心力，用意是好的，但以「一人犯錯『大家』當」來威脅，完全不符合人性。

更嚴重的後果是，出現許多明明知道有人想做壞卻知情不報，或成為那種看見有人在做壞事卻睜一隻眼、閉一隻眼的不作為幫凶，能蒙混的就盡量蒙混。冷漠以對的態度，將衍生出的懦弱、不負責的行為，使離心力愈來愈強大，離道德的中心就愈來愈遠。

使用連坐法來教養，對一個孩子的負面影響可能比預期中來的廣泛，還會延續到長大成人卻揮之不去。曾經有一個媽媽，在聽完我的演講之後，特地留下來和我分享她小時候的經驗。這位媽媽是家中的長女，下面有兩個弟弟，每次不管弟弟做錯什麼，大人第一個就是拿她開刀，打罵都有她的分。以致她從小就覺得爸媽「重男輕女」，甚至，懷疑過自己「到底是不是爸媽的親生孩子」。她的童年生活過的很不快樂，隨時都有離家出走的衝動。

那麼，在不殃及無辜的「受害者」，也不造就無作為的「加害者」的前提下，又該如何教育孩子「何謂真正的責任」。單向說教的灌輸，效果不彰。孩子看起來乖乖在聽，不代表他真的有聽，就算聽也不保證不會左耳進右耳出。用提問方式從孩子體驗出發，唯有真實感受，才能變成認同。

我常要學生藉由過往的經驗去思考：「希望別人怎麼對待你」與「不希望別人怎麼對待你」，透過這兩個問題的答案，教他們嘗試以「希望別人怎麼對待你」的方式去待人，和減少去做「不希望別人怎麼對待你」的事。人必「自重」，才能「重人」，先求「自律」，才能「律人」，**檢視責任所在——「該做什麼」與「不該做什麼」，才會懂得規範自己的行為，進而幫助別人也遵守紀律。**

## 巧妙營造「一人得道，雞犬升天」的氛圍

在學校教書的那段時間，我也幫班上學生分組，只是執行沒多久，就收到一堆抱怨與反彈的「陳情書」。

後來，我決定改良做法。**獎勵的話，是「一人得道，雞犬升天」，處罰的話，則是「一人做事，一人當」**。還特地把幾個表現較好的同學平均分配，讓每組都有機會享受榮耀。此外，提倡以「正向鼓勵」代替「負面評價」，就是同組有人表現差時，不要去批評或責備，而是要盡量去輔助對方補強，讓全組一起變好（得到的獎勵才會更多）。

不久，學生就從原本的「競爭對立」變成「利他共存」。其實，這就是國外學校常用的「合作學習」的模式，在家裡手足間也同樣適用。透過改變教室或家庭的生態，讓孩子不只展現個人特長，也能和同學或手足一起打造團體共好的環境。培養孩子擔當個人行為，並在看到他人有偏差時，鼓起勇氣做出適恰的導正，才是提升他們責任感的方式。

當然，不是鼓勵孩子去當正義魔人，或為了展現勇氣讓自己陷於危險，或得理不饒人，讓他人無地自容。教孩子用溫和幽默方式提點犯錯者，才是最有智慧的做法。例如，看到有人亂丟垃圾，可以說「同學，你東西掉了囉」，或搭捷運碰到有人插隊，俏皮的發出「逼逼聲」或「各位乘客，提醒您先下後上」，就算不敢說，皺個眉頭或面露難色表達也行。

最好的結果是，孩子不僅自己有責任感，還能協助手足或同儕擁有責任感。教孩子用正面的態度去思考，像「你是○○的好朋友，他每次數學都考不好，你可以怎麼幫他呢」「○○的脾氣不太好，班上同學有沒有什麼好方法可以借他用看看呢」「妹妹寫作業總是東摸西摸，你要不要以後都約他一起寫作業，讓他學習你的方法啊」「弟弟上學常常遲到，你要怎樣叮嚀他呢」……，讓孩子欣然且主動的負起「額外」責任，不僅對人際關係有加分，團隊（手足間或同儕間）才能真正榮辱與共，互相激勵。

個人不能獨活，他人的生存也很重要。所以，不能怕麻煩而「獨善其身」，做到「兼善天下」，人人都有更佳的生存環境。但是，絕對不能用懲罰訓斥的做法，勉強孩子去做大人所要求的良好行為，畢竟，**被規定的認錯，不會真心認錯，被強迫的責任，不是正確責任。**

# 3 別總是要孩子去『適應環境』

限制與框架會讓孩子成為犧牲主見的「被動者」。唯有積極觀察環境，並改變不好的部分，才能強化探索力、覺察力、判別力、自主力、恆毅力、執行力與受挫力。這些都是幫助孩子性格養成的基礎營養素。

## 不願適應環境的人，就只能淪為邊緣人？

人總是被告誡要「適應環境」，不願意去適應環境，就是團體中的「怪咖」，只能被當成「邊緣人」伺候。可是，適應環境不見得是最正確的選擇啊，如果到了某個教室上課，地板遍布垃圾，發出的惡臭令人做噁，明明都快受不了了，卻因為老師與同學都無感，自己就只能忍耐下去，摀著口鼻繼續上課。這恐怕不太合理。此時此刻應該做的，是號召大家團結合作，先把教室清潔乾淨，才有好心情上課吧。要是為了適應環境而忽略改變機會，怎能可能營造優質空間。

再舉個例子。我常聽到孩子故意講三字經，只是為了凸顯自己的很酷很屌，一般人聽了，會覺得不舒服，講習慣聽習慣的人，倒認為這樣很正常。難道為了做個合群的人，就得勉強自己適應，跟著一起「出口成髒」嗎？

好比社群網站流傳著一部撼動人心的廣告。片中敘述整形風潮氾濫成災，一窩瘋的盲從與效仿，人逐漸扭曲對於美的定義，失去擁有個人特性與風格的勇氣，擔心「與眾不同」產生的負面對待。於是，街上滿滿都是整形過後，符合多數人價值觀的「膠臉洋娃娃」。

不正確的「適應環境」，讓孩子處於被影響的一方，接收到的，可能是好的影響，也可能是壞的影響。無論如何，環境的限制與框架，讓孩子只能乖乖接受安排，成為犧牲主見卻束手無策的「被動者」。

最可怕的是，大人把古有明訓的「人定勝天，事在人為」拋諸腦後，直言不諱的教育孩子，「這個社會就是如此，不必大驚小怪，人要從善如流，才能『適者生存』」。習慣被灌輸被影響的結果，少有判別與思考的訓練，就愈來愈不敢去爭取主控權。孩子為了適應環境所犧牲的，不僅僅是判斷力與主導力，還有蓄勢待發的無限潛力。

## 別把不合理的要求用「磨練」合理化

曾有位媽媽詢問我的意見。她的兒子剛上小一，卻明顯的適應不良。兒子的導師對學生的要求非常高，尤其是字型，國字要寫得和生字簿上的標準範例一模一樣，稍微長一點、短一點都不合格，數學作業的圓圈，要畫得很圓很圓，幾乎全班同學的作業都是紅筆糾正的痕跡。

兒子經常訂正到一把鼻涕一把眼淚，認為自己「已經那麼努力寫了，怎麼還是錯一堆呢」。紙張寫破了，可以黏起來再繼續寫，但是，孩子的自尊與自信，被畫上一個又一個的紅色大叉叉，可不是黏一黏就能復原這麼簡單。

當時，班上很多家長認為孩子理所當然要接受老師的要求，這位媽媽也只能要兒子忍耐，安慰他一切都是「磨練」。

後來，我強烈建議這位媽媽，先觀察並正視環境對兒子產生的破壞性影響，並適時與導師進行良性溝通，殊不知，幾次協調下來，換來的是老師對兒子的「特殊待遇」。這孩子變得更加退縮，甚至害怕上學，每天起床都哭。因為溝通明顯無效，我便請媽媽考慮「改變環境」的選項。

終於，小一升小二的暑假，她幫兒子辦理了轉學。很幸運的，兒子在新學校所遇到的老師，多半是鼓勵多於挑剔的「肯定句」老師，他重拾自尊與自信，體會到上學樂趣的他，不再拒（懼）學，更因嶄露美術方面的專長，常上臺接受表揚。

環境造就孩子的品性與能力，正所謂「近朱者赤，近墨者黑」，孟母三遷的故事，就是積極改變環境的最佳典範。倘若當時孟母陪著孟子「適應環境」，可能就沒有後來的亞聖孟子了。

## 主導與改變環境，是一場華麗的冒險

爸媽做出明智抉擇與正確判斷，「擇鄰而處」是必要的。**選擇就代表主導力，主動讓事情發生，而不是等待事情的發生**。我不教人適應環境，但「觀察環境」絕對必要，看見良善與美好的部分，盡力的融入與保存，看見不好與錯誤的部分，要提升自我能力去「改變」或「創造」，而這就是處在「主導點」。這樣一來，不僅是「出汙泥而不染」，而是更上層樓，清除淤泥。

一個人的主導力是可以很強大的。女兒就在我耳濡目染下，充分展現「主導環境」的勇氣。國二時，女兒班上有個崇尚體罰的科任老師，考試成績未達標準，少幾分就打幾下。女兒可以理解老師鐵血教育的用心，卻發現同學不只沒有因為體罰而進步，反而用作弊來躲過一劫，還有人以惡作劇報復老師。由於這位老師實施體罰行之有年，全年級同學早習以為常，私下怨懟聲音很多，不過，沒人敢吭聲。有天，女兒告訴我「要去跟老師好好溝通，把體罰的『副作用』告訴他」。隔天放學回家，就帶著成功訊息回來跟我分享了。

適應環境像在原地踏步，很安全穩定，想過關不是問題，但可能要違背意志。主導環境則是一場華麗的冒險，像我女兒這樣「不小心就成功了」，也許要經歷驚濤駭浪或滿布荊棘（大部分的時候是這樣），但在無形之中也強化了探索力、覺察力、判別力、自主力、恆毅力、執行力與受挫力，這些都是幫助孩子性格養成的基礎營養素。

# 4 選擇『說謊』的隱性原因

「每次都說坦白從寬，可是說出真相，卻只有被罵（打）的份！」誠實而正直的高貴情操，常被大人自以為的善意謊言給扼殺。孩子說真相，別急著教訓他。給孩子說實話的空間，建立親子信任關係，他會開始享受誠實的美好。

## 說謊不是想騙人，是要拿到「免死金牌」

之前看過一個電視節目，是當紅小童星與爸爸一起受訪。小童星在家排行老大，吐露了「不想當哥哥」的原因。原來有次他看見弟弟打翻飲料，隨即跑去告訴爸爸，結果小童星卻得和弟弟一起被罰跪，爸爸的理由是「你當哥哥的，卻沒能好好教弟弟，該罰」。

小童星覺得困惑又無辜，說出事情真相，竟然要被處罰，滿腹委屈地說「我不想當哥哥了」，爸爸反應也很幽默，跟小童星說「可是已經來不及了」。整段訪問，旁觀者看得好氣又好笑，但孩子的心裡可能笑不太出來啊！

多數的爸媽不喜歡孩子愛告狀的壞習慣，但自己卻始終放不下連坐法的壞習慣，處理方式就像小童星的爸爸一樣，這會讓無辜的孩子覺得——我怎麼會這麼倒楣啊。同時，也正在抹煞孩子正直坦白的天生特質，開始認為「講出真相」似乎不好，因為反而讓自己陷入不安全的狀態。

當孩子出現「**不是說好不罰的嗎**」的疑惑時，大人可能還會義正詞嚴（或乾脆說是大言不慚）地解釋，「剛剛是剛剛，現在是現在，打你罵你也是為你好」。久而久之，孩子便會認定大人「說一套，做一套」，認為「反正爸媽都帶頭說謊了，我為什麼不可以說謊」。

對孩子而言，說謊，更有機會逃過一劫。尤其看過幾次大人鐵血宰相的凶惡模樣，誰還敢嘗試講出真相啊。孩子寧可撒謊，避重就輕，反正不論誠實或說謊，都可能換來責罵或毒打。

孩子是很聰明的，他們很會「舉一反三」，當他發現實話實說不只對自己一點好處都沒有，還可能招惹壞結果之後，他就愈來愈不願意講出事實——原來，說謊還比較安全呢。這是「避禍」或「免死」的最佳金牌，也是說謊的好藉口，更是在不良教養下，創造出的好理由。

## 別成為扼殺誠實與正義本性的大人

大多數的孩子具有很強烈的正義感，有著誠實而正直的高貴情操。他們喜歡把觀察到的事情講出來，眼裡看到的，就是他所知道的。**一個孩子能擁有探究求知的勇氣，與說出觀察的自信時，就是一個人的「人格完整」**。

這種特質可貴而難得，卻往往隨著成長而漸漸消逝，不再誠實地看到什麼說什麼、表達真正想法，或不敢指證別人或糾正錯誤。很多時候，是出自於大人不懂得珍惜這種特質，只認為孩子口無遮攔，說話不經過大腦。好比一個未婚的男性友人，帶著交往中的女友來訪，孩子卻當著大家的面，問叔叔「這姐姐怎麼跟上次來的不同人啊」，原本熱絡的氣氛肯定瞬間凍結。

尷尬又不知如何是好的家長，為了緩和冷空氣、替友人找到臺階下，第一反應大概是指責孩子不識相、亂說話。孩子被罵的理由，竟然是因為洞察變化，並率真地講出觀察。「無辜小孩」就這樣被貼上了「白目小孩」的標籤。遇到這種情形，與其數落孩子，不妨引導他去觀察他人的眼神或表情，或私底下提醒，演練更好的應對與表達。

有一種狀況，在學校或家裡都很常見。幾個孩子中，有人做錯事，卻找不到罪魁禍首，或孩子互相隱匿包庇而「混淆視聽」時，大人也許用「坦白從寬」來誘導，或祭出「自首無罪，抓到加倍」的恐嚇，來勸（逼）孩子說出實情。等孩子據實以告後，又認為應該讓孩子有所警惕，不罰不行，而突然改變主意開罰（或壓根就沒打算要放過孩子）。曾經有一位國中女學生，將她的心聲告訴我——說出真相一定是「死路一條」，不講反倒「留有活路」。

孩子感到納悶不解，明顯是大人說話不算話，卻一副理直氣壯的模樣，用「善意謊言」來合理化自己的不誠實。孩子有樣學樣，用相同的態度處事，在對錯之間的灰色地帶游移，失去是非觀念。

## 給空間說實話，讓孩子知道「自己很安全」

孩子的安全感，要建立在信任感之下。親子關係間的信任感一旦被破壞，得花更多時間來修復。一個「只聽不說」的孩子，不可說出意見，不能表達感覺，老被拒絕或反駁，不僅打斷基本溝通力，親子也架起鴻溝。唯有暢通無阻的溝通，信任關係才能建立。不要壓抑剝奪孩子的發言權，還給他一個安全說話的環境，讓他們放心做自己的「代言人」。

天下爸媽都是一樣的，愛子心切人之常情。因為希望兒女學乖學好，所以在孩子坦承罪行時，即使初犯，都很難心平氣和去開導或教育，往往忍不住就責備，或使用情緒化的語言。這種時候，孩子根本無法體會大人的愛與用心，他們只能感受到憤怒，為了保護自己，變得愈來愈退縮。

其實，孩子做錯事會覺得良心不安，產生罪惡感和愧疚感，他巴不得一五一十都招了，心裡也輕鬆一點。因此，在孩子說出真相時，千萬別急著教訓他。**給孩子說實話的空間，並給他時間享受誠實的美好**。感謝孩子「願意說實話」，讓他知道自己很安全的，而能放心放膽的直抒己見。

這段留白是很重要的，父母什麼事都不要做，不用疲勞轟炸，不用嚴刑拷問，更不用翻開舊帳，一一細數。此時此刻，孩子最需要的是傾聽和了解，爸媽同理以對，勝過懲罰與斥責。

# 5 為什麼「知錯不改，一犯再犯」

以為祭出嚴厲罰則，要求寫悔過書或跪在神桌前，就會真的懺悔嗎？孩子嘴巴認了，心裡可不見得這樣想，他才不想當「錯的人」。聽孩子的聲音，讓他擁有「足夠的『對』」，他自然會發自內心知道錯在哪裡，而且不會再犯。

## 相同錯誤一再發生，悔改戲碼重複上演

孩子犯錯時，大人會予以指責，要求修正。希望他們能勇於承認錯誤，閉門思過，好好反省，透過檢討「自己到底『錯』在哪裡」，期待孩子下次別再犯。

偶爾，還會附加一些方法，促使孩子認錯悔改，改過自新。在學校，老師（或教官）可能會要學生寫「悔過書」或「反省單」。在家裡，有的父母會要孩子跪在神明或祖先牌位前懺悔。

不過，就算當下孩子認了罪，也承諾會改，心裡可不一定就是這樣想，他們搞不好陽奉陰違或表裡不一。

孩子可能使用各式各樣的藉口與託辭，來為自己辯解，縱使很明顯的做錯，大家都在說他不對，他仍不斷堅稱、硬拗與狡辯。在大人眼裡，這孩子根本就混淆是非，顛倒黑白，非得好好教訓才可以。

不過，大人愈堅持，孩子愈是一言九「頂」，雙方敵對與僵持，搞到最後，孩子是屈服大人權力與威脅，卻沒有真正自覺。就常聽到有學生驕傲地說，自己又被記了幾個警告幾個大小過了。對他們而言，記過根本不痛不癢，加上大人老是說他爛、說他壞，他就放棄自己，乾脆爛過頭壞到底。

不是發自內心想要改進，祭出再嚴厲的懲罰手段或威脅，孩子仍然會犯「相同的錯」，導致生活中不斷重複上演一樣的戲碼——大人給予責備與懲戒，孩子應付了事，卻還是持續犯錯。

大人的耐心與寬容終將會消磨殆盡，當孩子的行為被解釋為不受教的表現時，伴隨出現的可能是雙方都有的傷人言語與失控情緒。孩子愈罵就愈跩，愈打就愈皮，親子之間的親和力蕩然無存，更不用說要開啟良性溝通了。孩子心中的怨恨日積月累，對大人不會感謝，只會充滿敵意與不滿，哪一天觸動爆炸開關，可能就一發不可收拾了。

## 知「錯」不會改，只會想證明「自己沒錯」

孩子之所以屢勸不聽，很多時候不是「不知道錯在哪裡」，而是「根本不覺得（不想承認）自己是錯的」。尤其當大人態度很差，完全不留情面，彷彿要在他的臉上，寫上大大的「錯」一般。有位學生曾與我分享，他「扭轉錯誤」的方式。當他爸媽責備他「老看手機螢幕的小字，傷眼睛，實在很糟糕」時，他為了「把自己變成『不糟糕』的」，便以「看小字是訓練眼睛，視力會變好」頂回去。

大人也常這樣顛倒是非。試想一下，晚餐菜弄太鹹，另一半或孩子用嫌棄的口氣表達「菜太鹹了啦，廚藝有夠差」，當事人哪會想被冠上汙名，只好盡力合理化自己的行為：天氣熱要吃鹹一點、菜鹹比較好下飯……，不論說什麼，都是在做為自己是「對的」努力。

知「錯」是不會改的。說到底，**一個人為了讓自己變成「對的人」，理所當然會有不斷重複錯誤的堅持**。捍衛自己是天生就有的衝動與勇氣，這是一種與生俱來的本能反應。在大人不斷指責孩子「錯誤」時，孩子為了讓自己變成「對」的，便會極盡所能想辦法。因為，誰都不想當「錯的人」呀。

## 知「對」才能改，恢復孩子對的能力

如何讓孩子察覺到錯誤行為，並願意發自內心改正呢？首要工作是「恢復孩子對的能力」。看見孩子不良表現，別搶著提醒他指正他，而是要讓他們有機會說明「當下行為」，尤其在他們不覺得自己有錯時。

例如，父母在面對一個說謊成性的孩子，不妨問問他「為什麼你覺得說謊是對的呢」「對你來說，為什麼說謊是一件對的事」「哪些對的理由，讓你非說謊不可」「我知道你說謊是有原因的，為什麼你想這樣做」等，技巧性地引導孩子表達心中想法，不斷地發問和聆聽，直到孩子態度緩和，不再感覺緊張與壓力。

在孩子願意說出來時，千萬不能急著勸導、反駁、糾正、斥責，即使他的說詞根本強詞奪理或毫無邏輯，大人也要耐住性子。聽孩子說，不代表贊成他做的那件錯事，而是藉由「傾聽」讓他們知道「**爸媽願意接收我的訊息**」。

當孩子感受到大人有心「了解」他們所想的，他們也會想聽聽大人怎麼想，接下來的「溝通」才能順利進行。當孩子自覺力和面對力提高，他們會露出愧疚表情與自省態度，此時，就是結束發問的時機。

孩子身上都住著兩隻狼，一隻「天使狼」，一隻「惡魔狼」，關注哪一隻，那一隻就會逐漸壯大。

大部分的爸媽習慣關注惡魔狼而忽略天使狼，過度關注就像不斷餵養。餵飽了，便會壯大起來，孩子展現出來的，自然是惡魔狼的特性。愈處罰孩子的「不對」，他愈會展示他的「不對」。放太多的注意力在「訓誡懲處」上，過分去強調孩子的偏差行為及不良習慣，他天使狼的那一面，哪裡有機會表現出來呢。

學習用理性與溫和的態度面對做錯事的孩子，**讓他們擁有「夠多的『對』」，他們就會改變想法。觀察到自己不足，發現有缺失的部分，感知自己所做行為的正誤性，發自心裡真正地「自我反省」**。

# 6 翻轉『過動兒』的討厭形象

過動的孩子就像個渾身是勁的「勁量電池」，在團體中永遠是被告狀被討厭的那個。家有過動孩子的爸媽，不妨嘗試十個翻轉妙招，幫助孩子撕下身上的過動兒標籤，享受開心愉快的人生吧。

## 坐立不安、不專心、容易暴走的「勁量電池」

班上有「孫悟空男孩」，東張西望，東跑西眺，不只影響上課秩序，班上同學也不得安寧，師生都神經緊繃。家裡的「跳躍女俠」就是坐立不安，玩手玩腳，寫字歪七扭八，做什麼事都不專心又不用心。要不就是「噴火龍王子」，動不動就暴走發怒，同儕都跟他切八段，實在讓人傷透腦筋。

過動兒是用來稱呼「注意力不足過動症（ADHD）」的孩子，通常有注意力缺失與過度活躍等症狀。這樣的孩子就像個渾身是勁的「勁量電池」，有著用不完的精力，在團體中永遠是被數落的那個，或被視為不乖不聽話的那個。

有些家長會因為家有過動兒，逐漸對育兒教養失去信心，明明已經很努力在教了，為什麼還是有收不完的「檢舉單」。沮喪萬分的當下，不免會認為「是不是自己不會教孩子，孩子才會變成這副德行呢」。

多年來，我接觸處理許多「過動兒」個案的經驗。透過與一些醫生、藥師、家長、教師、專家學者的研究與觀察，發現藥物治療並非唯一的途徑。家有過動孩子的爸媽，不妨嘗試看看以下幾個方法。

## 幫孩子成功撕下「過動」標籤的十個妙招

**足夠的睡眠**。維持規律的作息及擁有足夠的睡眠時間，是每個孩子都需要的，過動的孩子更要特別注意。孩子需要的睡眠時間，因人而異，每天睡足八至九個小時是基本的，但是，有些孩子可能需要睡到十二個小時。總之品質良好且足夠的睡眠，能為成長發育帶來正面影響。睡眠不足的話，會導致孩子容易分心、不能專注、學習效果不佳。

**均衡的飲食**。補充大量的優質蛋白質（如魚、肉、蛋、豆漿），少吃鹽酥雞、蛋糕等劣質蛋白質。多喝水，少喝含糖飲料，禁吃糖果與零食。近年來，許多實驗在在證明，食用糖和色素會造成過動現象，荷蘭過動症研究中心也發現，62%被診斷為過動症的孩子，在改變飲食習慣三星期後，都有顯著的行為改變。

**大量且激烈的戶外運動**。透過運動能消耗孩子多餘的精力。如抽空陪孩子去打籃球、踢足球、游泳，或讓他去學習動態的課程，並鼓勵他下課時間到教室外跑一跑、跳一跳。不要想說孩子都過動了，就硬要他學畫畫、鋼琴、珠算等，以為這樣就能把他綁在椅子上。有時候，過動兒就是因為「動得不夠」，才會「靜不下來」，一旦他們「動得多」，也就「坐得住」了。就輔導經驗發現，把握「睡的飽，吃的好，動的夠」三原則，過動現象就能明顯減緩。

**慢性食物過敏原檢測（IGE）與體內重金屬檢驗**。孩子可能是因為氣喘、鼻竇炎、異位性皮膚炎，或過敏造成的焦躁、不安、動不停的現象。有高達72%的過動兒，經過數個月的過敏食物剔除療法後，過動症狀會完全消失。另外，研究發現鉛、汞、砷、鎘等金屬，會影響人體的神經系統，過動兒體內的鉛含量，比一般孩子高出30%，而農藥中的有機磷則會使神經過度興奮。

**確認有無其他疾病或不適**。近視、遠視、弱視、聽力障礙、感染、寄生蟲、腦瘤、頭部受傷、代謝疾病等，都可能使孩子顯示過動現象。美國一位學童在被精神科診斷為過動症並服藥三年後，才被小兒專科醫師診斷有腸阻塞的現象，經過開刀治療後，過動症狀也就完全消失了。

**檢視學習上是否有特定障礙**。學校考題太難、課程內容艱深，或教學缺乏圖片輔助、實驗操作，或孩子對於文章或資料一知半解、難以辨識詞語意義等，都會導致孩子注意力不集中、躁動或激動情緒。只要大人能發現他們在學習上的障礙，並確實給予協助與解決，過動症狀當然就不見了。

**發掘興趣，欣賞天賦**。有些過動兒資質優異，對新奇事物有極高興趣，但對學校課程卻沒興趣。教養資優過動兒要有耐心恆心，並配合因材施教的環境。古今中外，就有許多傑出的「過動兒」，像發明家愛迪生、童話故事作家安徒生、音樂神童莫札特、科學哲學家愛因斯坦、迪士尼創辦人華德迪士尼、英國首相邱吉爾、美國總統羅斯福、飛魚菲爾普斯、英國名廚奧立佛、歌劇魅影編舞家茱麗安等，都是能依循興趣發展的翹楚。天才頑童期待被理解被肯定，更需要有人懂得欣賞他們的「亮點」，這樣他們才能發光發熱。

**給予安全感**。家庭失和或父母吵架會帶給孩子不安全感。失控情緒與不良言行，也會讓孩子有樣學樣。大人要控制脾氣，做好情緒管理，經營好親子關係，維持家庭良好互動，以提升孩子的穩定度。關愛與支持絕對是「靈丹妙藥」。

**認同、讚美與大量溝通**。不要老盯著孩子做錯事的手，更不要把「過動」當成處罰他的理由，試著肯定他的努力，即使進步一點點都要稱讚。父母不停的說，還不如聽孩子說。讓孩子放心表白，釋放情緒與感受。

**避開刺激的環境**。避免讓過動兒處於被挑剔的環境。觀察一下家裡、學校、安親班、親戚、鄰居等，有人總是貶抑或抱怨孩子的行為表現。爸媽可以協助做適當的應對處理、溝通回應，減少孩子受到刺激。要是對方依然故我，就要避免孩子與這些人的接觸機會。

［註］已在服用藥物的過動兒，不可任意停藥，以免發生反彈作用。最好在非精神科醫師指導下，逐漸停藥，並尋求產生過動、注意力不足的其他根源，如身體疾病、營養問題、生活及環境問題、學習問題等。

# 7 刺蝟和綿羊都是好小孩

老愛唱反調的「刺蝟小孩」就不乖？依大人鋪的路走人生的「綿羊小孩」就是乖乖牌？以上答案都是「錯」。乖與不乖，不能用聽不聽話來判斷。賞識孩子個性特質，用最恰當的方式引導他們長大，個個都是又好又棒的小孩。

## 刺蝟小孩勇敢展現的是主見與自信

到處針鋒相對的「刺蝟小孩」，耗盡大人耐心，引發大人脾氣，逼得爸媽變成抓狂發飆的暴龍，與孩子唇舌大戰，互踩地雷，家裡烏煙瘴氣，戰鬥一觸即發。刺蝟小孩渾身是刺，就是要唱反調。反叛萬歲，防衛到底，拒絕溝通，愈叫他不要這樣做，他偏偏就是要這樣做。

爸媽可能會疑惑，以前那個可愛的小寶貝，怎麼會變得這麼可惡（如果可以，真想把它塞回肚子裡）。其實，「刺蝟小孩」搞叛逆不過是他為自己舉辦的第一個成人禮，他想有自己人生的掌控權，有獨立個性和自主思考。

難以駕馭的脫韁野馬，嚮往的是自由奔放的大草原。**別急著用更劇烈的手段，更堅固的繩子把孩子綁住了，先謝謝孩子願意叛逆頂嘴**。他們的行為雖然很白目，卻也表示他善於思辨，有自我意見，挑戰權威，捍衛自己的權利，也願意表達出來。有時，我挺佩服刺蝟小孩的「口才」與「邏輯」，總能在極短時間整合大人的一言一語，立即反駁與爭辯。至於，「一言九頂」的勇氣，代表著不輕易屈服的生存力、無法動撼的自信心。

## 綿羊小孩有時不是乖，只是有話不說出來

乖乖牌好帶，省麻煩，容易控制，但不見得是最佳生存之道。很多時候，大人常會把不聽話解釋為不乖，再把不乖和一些殺人放火的壞事連結一起，總覺得「不乖的孩子，長大以後就會為非作歹，會被警察抓去關」。在孩子出現不良行為時，制止、告誡並協助改正確實必要，但我說的不良行為，可不包括表達自我意見與想法，勇於打破常規、改變現狀。

**教養綿羊小孩不見得比較容易，尤其當他們刻意壓抑想法，有話不想說，累積到最後才爆發，往往讓大人措手不及。**我就是「綿羊小孩」進化成「刺蝟小孩」的典型案例。國中以前，我是個俯首聽命的內向孩子。話不多，也沒自信表達，總是「盡忠職守」，做好大人交代的每件事，以為得到大人認同就好。當時的自己沒什麼人生方向，反正有人幫我 鋪好路，我只管乖乖地沿著路走。

長大後，我整個人活起來了，開始享受那種「不聽話」的感覺。像國中讀資優班為了考高分，以免吃老師的「竹筍炒肉絲」，就寫小抄，和全班一起聯合大作弊。高中更誇張，騙爸媽說去補習班讀書，實際上翹課聯誼，還談起戀愛，認定對方就是真命天子。為此，大學聯考分數明明可以上臺大，卻為愛情犧牲，把男友故鄉學校當成第一志願（我媽差點要和我斷絕母女關係）。

大學畢業後，手捧教職鐵飯碗，卻毅然決然辭掉工作，放手一搏，跑到美國，完成留學夢。當初為了不引起家庭革命，只好以「留職停薪」的善意謊言欺騙爸媽。反骨個性或許讓我的生命跌跌撞撞、冒險不斷，但正是因為這些體驗，讓我的人生寫下精彩的頁面。回想起來，要是沒那時的「不乖」或「不聽話」，我或許就無法成為真正的自己了。

## 賞識孩子個性特質，用寬容態度來面對

女兒小六時，某天突然告訴我：「媽咪，我昨晚不小心聽到你跟○○阿姨講電話。你教她『小孩頂嘴是一件好事情』，還叫她不要太生氣。為了讓媽咪身邊充滿好事情，我會常常頂嘴，你要有個心理準備喔！」

聽到女兒這樣說，我只能察納雅言，收下「戰帖」，畢竟這是我教人的戰術，哪能說推翻就推翻。不過，女兒直接而乾脆的預告，確實提醒我用寬容與賞識的態度，對待她這隻「刺蝟女孩」。

其實，孩子有想法有個性有情緒，想自己做主，不代表不服輸或講不得，他只是希望做不好或做錯時，不要永遠被壓著罵或打，失去發言權利。我們母女意見不一、影響情緒時，會有默契地告訴對方「我聽到你的想法了，其他的等會兒再談吧」，並暫時隔離。唯有情緒整理好，對話才能理性進行。

**「休兵」等待的緩衝片刻，大人學到的是控制自己的情緒魔鬼，孩子則練習當自己情緒的主人。**這樣做，孩子更懂得用尊重和禮貌與大人溝通。我發現，心情愈平靜，愈能說出自己觀點，並準確檢視問題所在。

面對逆來順受的「綿羊小孩」，爸媽要更費心，他們跟刺蝟不一樣，唯唯諾諾，欠缺主見，不敢或不想表達。要是大人便宜行事，索性幫忙發聲、保護過度，更會剝奪孩子培養自主的機會。爸媽要給空間，強化綿羊小孩的自信與勇氣，鼓勵表達意見、分享想法，讓他相信爸媽和他站在同一陣營。

演講時，我常給家長一個忠告，就是「千萬不要讓情緒超出理智線」，這是傷害親子情感的殺手。還有，別再把理智斷線的責任推給孩子，老是說「還不是誰怎樣怎樣」。沒有任何人可以幫別人決定情緒，自己才是運籌帷幄的將軍，端看用哪一種觀點或態度來待人處事。

**當個「耳聰目明」的爸媽吧。耳聰就是「聽到孩子的心聲」，目明就是「看見孩子的需求」**。不論刺蝟小孩，還是綿羊小孩，給予他們適切指引，每個孩子都能成為有想法有能力的自主個體。

# 8 陪孩子面對與穿越負面情緒

習慣用「不要怕」「不准生氣」「不能耍脾氣」干涉孩子情緒空間，會剝奪他們感受和經歷的機會。透過「身歷其境、現場還原、倒帶重現」，讓心靈橡皮擦發揮最佳作用，才能擺脫負面干擾，防止壞情緒愈積愈多。

## 還在叫孩子「不哭」「別怕」「不准生氣」嗎？

「吼唷，好煩喔，為什麼這次數學考這麼多單元！」
「我就不舒服，只想待在家休息，不想參加家族聚餐，不行嗎？」
「你們大家都很討厭，跟〇〇〇一樣，就愛找我吵架！」
「為什麼爸爸都不問我在想什麼，就直接認定我是故意的！」
「我昨天熬夜背歷史，怎麼還是考這麼差，唉！」……

人都有情緒，孩子也是。一樣的狀況在孩子心裡，要不極度沮喪，要不備感壓力，而在歷經萬事的大人眼裡，卻只是一些雞毛蒜皮的小事。

很多大人常忘了經驗值不對等，以為孩子跟自己一樣成熟，根本不想去了解「孩子到底發生了什麼事」「孩子心情為什麼會變差」等。有時，為了不讓自己或孩子受到影響，延宕安排好的事情，就使用一堆安慰同情的話，或利誘威脅的規定，希望孩子能趕快結束惱人的負面情緒——停下來就對了。孩子的感覺與想法，就是這樣子被忽略掉的。

大人期待的往往是急速解凍或瞬間滅火，以為這樣孩子就會「沒事」。於是，急著給建議，甚至跳下去幫孩子面對（解決）問題。或語帶威脅要孩子不准掉眼淚或哭出聲，不然就「吃不完兜著走」。或習慣使用「不要害怕」「不准生氣」「不用擔心」「不要難過」「不能耍脾氣」「不要理他們」等，介入、干涉孩子的表現情緒空間，剝奪他們感受和經歷的機會。

**只懂得「避開」負面情緒，逃避久了，就會失去面對的勇氣與處理的能力。不能抒發壓力及負荷，會愈積愈多**。好比把垃圾往衣櫥裡塞，塞不下就堆到角落，堆到有礙觀瞻，還拍拍孩子的頭，告訴他們「不要看就好了啊」。日積月累下來，負面情緒就像雪球愈滾愈大。更可怕的是，刻意被壓抑的孩子，會變成一個「不定時的未爆彈」，一旦爆發，可能一發不可收拾。

## 把事情說出口，就是宣洩的好出口

對於不舒服的感覺，人總是會選擇刻意遺忘或排斥，即使心中滿是傷痕，流血化膿，還是強作鎮定或假裝開心。因為害怕而不碰觸，就是一種逃避。但是，魔鬼不會消失，依然住在心裡，還可能會隨著時間過去，愈來愈壯大，大到占據整顆心，連帶影響心理與生理。

壞情緒最最需要的是「一個可以宣洩的出口」。人在氣頭上或哭得肝腸寸斷之際，外界的聲音是聽不進去的，說的再多再好都沒有用，反而會被視為「噪音」，讓孩子覺得更煩躁更困擾。大人要有耐心，慢慢地等待，等孩子的情緒稍微緩和，恢復一些理智後，再陪著他一起找到這個出口。

**最好最方便也最簡單的方式就是聊天，不帶任何預期結果與立場，單純聽聽孩子的心聲。**試著用幾個問句「你怎麼了呢」「告訴我發生什麼事」「你為了什麼而生氣」「你為了什麼而哭泣」「什麼事讓你這麼擔心」「什麼東西讓你這麼害怕」「和我談談你受傷的經過吧」等，開啟親子對話。千萬別像問案一般咄咄逼人，或沒聽幾句，就用「我早就知道了」來搪塞。

**保持高度意願與好奇，引導孩子講述發生的事**。大人適時的提問，採用「現在式口吻」，模仿孩子語調。讓孩子能詳細地說明整個過程，彷彿現在正在發生一樣的真實。因為「說明所發生的事」是很好的情緒緩和方法。大人要協助孩子走出情緒幽谷，打破心牆牢籠，愈是融入，愈能有效協助。

## 面對與穿越壞情緒的「心靈橡皮擦」

打敗心魔的最好方法就是「面對」，不冷漠忽視，不逃避閃躲，不害怕屈服，要勇敢地迎面痛擊。只是說起來容易，做到很難。大人都懂這個道理，也會告訴孩子重要觀念，然而遇到實際狀況，卻不見得能適當的切入，或根本苦無方法操作。**透過「身歷其境、現場還原、倒帶重現」就是一種很好的面對。唯有真正面對，才能完全擺脫。**

面對過後，就是要「穿越」。在孩子說完一遍後，不妨鼓勵他「再說一次」，一次又一次地重複問，直到他感到心情舒服些，或心境轉變而開心笑了。

過程中，仔細觀察孩子表情與語氣，當發現他的感受好多了，就是適當的結束點。利用重複提問的訣竅，帶領孩子不斷的直視事件和穿越過程。人生道路上，常會遇見曲折不平與陰暗角落，只要直率「面對」，坦然「穿越」，就能出現峰迴路轉的改變。講愈多次，心靈擦皮擦就擦愈多次，壞情緒愈擦就愈乾淨。

爸媽要當孩子的「心靈捕手」，幫助他們重拾自信心，恢復生活的動力，就算曾經灰頭土臉，鼻青臉腫，仍要勇敢站起來，抬頭挺胸，昂首邁步。在孩子遇到心靈陰影或情緒疙瘩時，不妨告訴他：**「風雨要自己擋，苦累要自己扛，但汗水與淚水，爸媽會陪你一起擦！」**

# 9 轉移注意力，暫停壞脾氣

持續繞著問題打轉，搞不好離出口或解答愈來愈遠。這時候，不妨從三方向切入，試著把注意力轉移到別的事物，結果可能會比想像的好。這幾個方法爸媽可以用，孩子也能用，大人也可以帶著孩子一起執行。

## 觀賞周遭的事物，享受當下的環境

心情不好的時候，「回憶過去」是最不明智的做法。回想過往讓自己不開心的事，壞情緒只會揮之不去，縈繞在心頭。不妨透過觀察身邊的事物、和所處環境溝通與接觸，來轉移注意力，讓自己回到眼前的世界。

我曾輔導一個小六生，他寫功課卡關，就會變得焦躁，有想撕考卷或槌桌的衝動。我建議他「跳脫難題，回到當下」。後來，他發明一個方法。卡關時，他會暫時放下紙筆，到庭院砍樹。其實，不過是用一把生鏽小斧頭，朝地板落葉劈個幾刀。他告訴我，這樣做，心情變好，解題好像更順利了。

還有位媽媽，更會舉一反三。她兩個女兒，分別讀國一和小六，一個學小提琴，一個學鋼琴，但課後練習，兩姐妹就愛拖拖拉拉。媽媽參考我的建議後，不再為了女兒不練琴而發怒。每次碰到女兒賴皮、不想練琴時，她就引導女兒玩起「我是觀察高手」的遊戲，就是仔細尋找房間物品的遊戲，例如，找出正方形或圓形的東西、計算插座或電燈的數量、統計房間的顏色、分類不同功能的物品。遊戲一段時間，兩個孩子的精神更振奮，不亦樂乎。接下來，大人給的命令或指示，孩子的配合度都明顯變高了。

## 找出有興趣的事，培養休閒娛樂或嗜好

不要執著在問題本身，暫時脫離，去做些自己喜歡的事情吧！轉換一下心情，眼光或做法也會變得不一樣，搞不好從中靈光乍現，獲得更好的解決方法。

我遇過一個媽媽，她很明白「嘮叨」是一種情緒發洩，但也知道不能太超過，以免產生反效果。

一旦發現自己的怒火升起，眼中發射「凶光射線」，開始看孩子的一舉一動都不順眼時，她會立馬暫停，開車到最愛的小吃店，享受最愛的美食。吃完回家，她的面容和語氣都變得溫和，重拾與孩子溝通的耐心。

**孩子之間的衝突，用這個方式來調解也很不錯**。像是手足、同儕或玩伴，為了搶奪玩具而鬧翻，或一言不和而吵起架來，可以將他們「暫時隔離」。讓他們各自去進行其他的事，玩其他的玩具或積木、看個好笑或有趣的影片、畫圖唱歌彈琴、找不同的人聊天等。經過一段時間，情緒都平撫下來，不只能用更理性的態度來面對，還能避免彼此的感情被破壞。

## 身體動起來，散步、旅遊或打掃都行

**從「內觀」（往內看，只專注在自己）到「外觀」（往外看，只專注在外在環境），就有機會成功轉移心情**。像上班族在中午吃完飯後，找個時間到戶外散步，看看建築物或路上的人，有助消除疲勞，恢復精神與熱忱。

**規律運動對孩子的情緒和學業成績，都有明顯助益**。根據國外研究發現，每天上一小時體育課的學生，學業表現優於未上體育課的。身體活動可以幫助思考力、記憶力、專注力的提升。因此，我鼓勵爸媽多帶孩子去「跋山涉水」，爬山、浮潛、賞花、玩生態、追蝴蝶、放風箏等等，都是最佳的心靈補給。

「大掃除」也是一兼二顧的妙招。不如找個時間，和孩子一起徹底清洗窗戶、廚房和廁所，讓身體動起來。一個月安排一次兩次，不只情緒提升，人變得快樂，同時擁有完成家務的成就感，一掃低頭喪氣的模樣。適度勞動身體，掃淨了環境，還掃除了煩惱。

簡單的方法，威力無窮。親身體驗，才能領略其中妙處。人要當生活的「體驗家」，別小看那些再平常不過的小動作或小活動，這些都可能成為改造心情、改造生活的小魔法。

# 10 親子溝通最怕走到『單行道』

口沫橫飛講道理，義正辭嚴急糾正，會形成溝通「單行道」，讓人心生煩躁，逃離現場。換位思考，感受孩子內心宇宙，等待他內在穩定，再來探究問題。突破溝通單行道，教導或傳達應有觀念，就能順暢許多。

## 摧毀孩子必敗公式＝否定式管教＋體罰

「出門前我就叮嚀你要加外套，你就是不聽，感冒了吧！」

「誰叫你看電視都這麼近，難怪你會近視愈來愈深。」

「這成績能看嘛，還敢說要出去玩，不准去，現在就給我去讀書！」

「真是糟糕透了，你怎麼那麼愛說謊啊！」……

自己是否常常像這樣，對孩子進行單向的說教。將一整天你和孩子的對話錄下來，講「**不對**」「**不是**」「**不能**」「**不好**」「**不可以**」「**錯了**」等負面語言的次數，可能多到連自己都難以想像。

想要毀掉一個孩子，命令式語言、否定句管教，加上體罰，是最輕易快速的方式。長期的貶抑孩子的價值，必然使自信歸零。同理式語言與肯定句管教，才能讓親子溝通順利進行。認可的話語，是照耀孩子的陽光，讚美的話語，是滋潤成長的雨水，換個方式說話，不但可以激發孩子無限潛能，也能拯救惡劣的親子關係，由逆轉勝，起死回生。

**大人願意先接孩子發出的球，孩子才會願意接到大人的球**。不顧一切的發球，發一百個一千個一萬個，孩子都不會受理，尤其每顆球都K的他們鼻青臉腫，誰會乖乖待在同一個地方被K。逮到機會，不逃才怪。

## 禁止雙向通行的單行道，讓孩子逃之夭夭

許多父母的慣性是，先堵住孩子的嘴再說。用「不要哭」「住嘴」「說夠了沒」等，讓孩子停下來，然後，霹靂啪啦斥責、勸導，忽略孩子的心情與需求，管他難過、憤怒、煩躁、不安，只管大人要講的，就是要說個夠。

恕我直言，「孩子根本不可能聽得進去嘛」。如果講了就會有聽有懂，也不會有那麼多父母因為「說教」沒用，管教無效，找人求救了。口沫橫飛的講道理，義正辭嚴的急糾正，都會形成「單行道」的溝通，這只會讓人心生厭惡，急忙逃離現場。所以，奉勸父母不要白費力氣。

別總是疲勞轟炸、嚴刑拷問、細數舊帳，先懂孩子再懂教，蹲下來用孩子高度思考，感同身受他的內心。想讓孩子「聽得下去」，重點在講出「神奇咒語」，並搭配菩薩臉孔、溫柔語氣、熱切眼神。同時，做好EQ管理，別讓情緒淹沒理智，或一味攻擊孩子缺失。大人要就事論事，別感情用事。

## 雙向溝通必勝公式＝同理傾聽＋神奇咒語

如何說，才能打動孩子的心，讓他們不只聽進去，還主動願意配合呢？第一個訣竅是，**讓孩子知道「爸媽已經接收到，並了解他們的感覺與想法」**。孩子覺得大人是同盟朋友，自然提高興趣度和注意力。

父母幾乎都曉得「傾聽」的重要，也多半願意去做。但光凝神傾聽，力道還不夠，想要達到最佳效果，得靠「神奇咒語」來加分。使用「**原來如此，我懂了**」「**謝謝你願意告訴我**」「**我注意到了**」「**我能理解你所說的**」「**我懂你會生氣的原因**」「**如果我是你，大概也會有這種心情**」等，目的是讓孩子感受「有人聽到我的心聲、有人理解我的情緒」，而不代表大人要縱容或漠視任何不良習慣或偏差行為。

「同理傾聽＋神奇咒語」是萬無一失的厲害法寶。這有助於讓孩子情緒緩和、恢復理智。大人要先耐心等待孩子內在穩定，再來探究問題本身。突破溝通單行道後，不論是傳達正確觀念或教導適當反應，都將順暢許多。因為「同理感受」勝過千言萬語，「同理表達」勝過苦口婆心。

站在對方角度，給予理解對方的答覆，則是不良溝通的最佳治療劑。藉由這樣「同理」的過程，爸媽能得到一個短暫的緩衝時間與空間，維持和孩子的良好互動，隨時換位思考，避免因為觀察不周，或過去累積的偏見，而出現誤會曲解或獨斷不公的狀況，導致親子不愉快的局面。

# 11 當個愛發問的『好奇寶寶』

每次說溝通，都變爸媽發表演說？自以為受用無窮的語言，只會淹沒孩子的訊號與無助。溝通想暢通無阻，重點不在「說」，而在「問」。學習善問技巧，讓孩子確定自己的存在很重要後，孩子不只願意說，也願意聽爸媽說。

## 溝通踩地雷：「強迫性命令」和「壓倒性灌輸」

「我的爸媽根本不了解我啊，他們不知道我在想什麼！」
「我媽總是不聽我把話說完，自顧自地滔滔不絕說個不停！」
「同樣的東西說過好幾百遍了，我又不是有失憶症！」
「告訴爸媽任何事，他們都只會講一堆陳腔濫調的大道理！」……

這些是我在輔導過程中，最常聽見的抱怨。孩子覺得爸媽很奇怪，明明說好要溝通，卻總是他們獨自在發表演說。這分明是強迫性的「命令」和壓倒性的「灌輸」，機關用盡、軟硬兼施來說服孩子接受建議。

人太習慣「說話」和「給答案」，卻不太願意「用心聽」或「問問題」。嘴巴像機關槍，持續念，不停說。大人自以為受用無窮的語言文字，淹沒了孩子的訊號與無助，打擊親子間的親密感與信任度，孩子心牆逐漸築起，彼此隔閡隨之產生。溝通想要暢通無阻，重點不在「說」多少，而是在「問」多少。

很少人會因為其他人給予的評估或建議而改變，但「問對問題」，讓當事者自己說出答案，他就會有所行動。**引導孩子找出解答，勝過直接給答案。懂得問問題的爸媽，是孩子的智慧夥伴。**發自內心的好奇發問，孩子才可以敞開心胸傾訴。這樣才能形成「有效溝通」。

## 爸媽這樣問，孩子的祕密藏不住

爸媽當個「好奇寶寶」，親子間的溝通將會有奇蹟式的翻轉。會溝通的大人，不是要有高超的表達能力，而是要訓練善問的技巧。學習以下幾點，開始當個對孩子任何事情都充滿興趣的大人吧。

**營造讓孩子放心的說話環境**。給孩子像皇帝聖旨一樣的保證，讓他可以放心的說，不至於因為害怕「說出真相實情後，會被斥責、處罰、嘲笑」而有所保留，不敢傾訴大小事，大人了解程度也有限。所以，就算聽到的是惡行惡狀，大人也要耐住性子。此外，還要當個「祕密守護者」。

**略帶誇張地展現出自己的興趣**。不只要認真聽，還要展現興趣與好奇，針對事件中的人事時地物，適時提出問題，如「有哪些人參加」「發生什麼有趣的事」「看到什麼、聽到什麼」，也可以問問孩子的感覺、看法、心情。問到每個細節，彷彿自己與孩子一起就參與其中。

**孩子不想說時，耐心等他準備好**。當孩子以不想講、忘記了、不知道等理由，閉口不談時，不要馬上就強迫他交代事件原委。此時，不需強迫，但可以預留伏筆，告訴孩子「我想了解這件事，但你不用勉強現在就說」「等你想告訴我時，我都很樂意聽」「現在不想講也沒關係，之後你再來找我聊吧」。

**提問單純化，不要急著批判或訓誡**。問答之際，孩子會發現問題，想通道理。當他想要參考建議，或獲得指導和協助時，自然會主動找大人討論。爸媽過於心急，可能會讓孩子縮回去。

## 好奇爸媽愛發問的五個驚人功效

**減輕孩子的壓力，幫助情緒洩洪。**如同大禹治水，疏通之後，才能宣洩，透過一問一答的過程，孩子能逐漸釋放不舒服的感覺，丟掉心靈垃圾。然而，大部分的父母往往刻意防堵，避免孩子的情緒洩洪，造成溝通阻塞和壓力堆疊，某天要是山洪暴發，可就沒那麼好撫平了。

**提昇孩子情緒，破除戒心暢快講。**當孩子能夠暢所欲言、直抒己見，自由自在地表達想法，毫不忌諱地真情流露，心情當然舒坦，情緒自然提升。心裡話不必再憋在心裡，有話說不出來。而且好心情分享出去，可以放大愉悅的成分，壞心情一吐為快，則縮減煩躁難過的影響範圍與時間。

**收集孩子的看法意見，避免誤判危機。**不少大人會以片面之詞，如手足、玩伴一連串告狀，或老師寫在聯絡簿上的不良表現，就將孩子定罪判刑，這就像是近年常見的網路公審，多數人的意識被風向球帶著轉，相異的說法或看法，成了共同的目標敵人。透過問問題，能尊重孩子的觀點，了解實際過程與事發情節，以免錯失真相或以偏概全。

**展現高度興趣，孩子獲得「存在感」**。小孩喜歡吸引大人注意，他們需要足夠的關注度。透過問問題的方式，不僅讓爸媽展現對孩子的高度興趣，也讓孩子直接看見爸媽對自己的好奇。因為把注意力放在孩子身上，話題也以他們為主，不用苦口婆心、費盡唇舌，孩子就能領會到爸媽的在乎與關心。

**幫助孩子自己找出更棒的解決策略**。以提問引導孩子闡述事件，答覆過程中他們會再次重整和評估，理出不同的判斷與解讀。因為孩子會趁機再度檢視自己所做的與導致的結果，拓展原有思維，一來一往下，反而能自己想出更好的解決方案，若遇到類似狀況，便能更理智的思考與反應。

# 12 搖身一變的『超好聊』爸媽

明明有時間有空暇，孩子就在身邊，親子卻很難對上幾句話嗎？話題是找出來的。面對家中惜字如金的孩子，不妨把握「讀心、認同、交集」的聊天金鑰匙，開啟對話大門，突破身分的隔閡，讓自己變成「超好聊」的大人吧！

## 沒有話題、聊不下去，都是代溝惹的禍？

「我要用什麼方法，才能讓兒子與我的互動更好呢？」

「我也想和女兒無所不談啊，可是我們之間總是有代溝！」

「每次想好好跟孩子聊，卻說沒兩句就鬧得不歡而散。」

「透過簡單聊天就能探究孩子內心，可是我們沒話題啊？」……

大家常說的「話不投機半句多」，大概是很多爸媽的心聲吧。有時候，明明有時間有空間，孩子也在身邊，親子卻很難對上幾句話。為了讓沉默變得理所當然，只好各自裝忙、滑手機、看電視，掩飾冷場的尷尬氣氛。

一位苦惱的父親向我求救，他國一的兒子喜歡和同學一起玩線上遊戲，他擔心兒子的成績受影響，竟強制他不准再碰電腦和手機，以為這樣可以完全屏除3C對兒子的誘惑。殊不知，兒子對於爸爸的做法不認同，強力抗拒，兩人關係日漸緊繃，他明顯感受到兒子的刻意疏離。他很感嘆，讀國小的時候，父子感情很好，兒子還會跟他撒嬌，找他討論事情，或東南西北的亂聊一通，現在父子卻完全不對盤。這位家長不斷向我抱怨著，兒子不懂體會大人用心良苦，卻絲毫沒察覺自己也不懂孩子心中真正想的。

一個世代相隔三十年，加上近年來晚婚晚生，爸媽與孩子的年齡差個三十歲挺常見的，也就是說，大人要與孩子之間完全零代溝，實在不太可能。更何況人都是獨立的個體，加上生活環境大不同，觀念想法自然不一樣。世界上，幾乎無法找到價值觀與信念完全相同、毫不牴觸的兩個人，即使是留著相同血液、存在相同基因的親與子。

年齡確實形成距離，但距離可大可小，不然怎麼會有所謂的「忘年之交」。別再把親子間「無話可說」的責任都推給代溝了。**沒有話題，就來「找話題」，話題找到了，搭起對話的橋梁，代溝就不是問題了。**

## 循序漸進三原則，親子對話超展開

**讀心**。要讓對話的橋梁又穩固又順暢，爸媽必須讀到孩子的內心世界，打從心裡的去了解他們。所謂的「讀」是指聆聽並觀察他們心中所想，而不是去挖掘或放大他們的缺點、瘡疤，或出手干預、糾正。一直逼別人接受你所想的，怎麼可能成為受歡迎的聊天對象。

我教這位父親先要先讀懂兒子的心理需求與情緒密碼，理解他想和同儕互動的歸屬感，與打遊戲過關斬將的成就感。同時，關注兒子的情緒感受和行為訊息，了解他被剝奪喜愛事物的失落感，與被強硬限制的壓力感。孩子渴望的其實很單純很簡單，有時是大人過度緊張，才會把事態弄嚴重了。

**認同**。在了解孩子過程中，找到「同意」的部分，就是「異中求同」，也許是共同的興趣嗜好、類似的處事原則、雷同的情緒表現，甚至愛吃的食物或特有的行為模式，從這些「小默契」中找尋「認同」。當大人認同孩子，孩子得到認同後，他也會開始認同大人，說起話來就會投緣又合拍。愉快的交談經驗，將為日後的親子對話奠定基礎。

後來，這位爸爸與兒子交換想法，一改過去全盤否定的態度，當孩子說出自己的看法時，他不急著反駁或解釋，就專注聆聽。說也奇怪，換爸爸說出自己的擔憂時，兒子竟能平靜地聽完。聊述中，各自秉持看法，卻愈來愈能達到「異中求同」，訂出雙方都同意的電動時間。爸爸也因為「認同」兒子，想起年輕時的自己曾是熱血青少年，不喜歡父母管太多太緊，總想著找朋友聚會的樂趣。

**交集。**完全沒有共識的兩個人，會變得很有距離感。爸媽不要一直盯著「不順眼」的地方看，而是要從「順眼」的部分著手，製造親子間的「共識」與「交集」。有位媽媽告訴我，她很受不了青春期女兒奇裝異服，母女常為此爭吵。言談中，我得知她們都是韓劇迷，便建議媽媽把握機會，從韓劇下手。一開始，媽媽嘗試和女兒討論劇情，到後來女兒會主動約媽媽一起追劇。

這位父親也是。他決定加入戰局，跟兒子一起玩。摸索出兩人都想玩的遊戲類型，一方面能替兒子電玩把關，減少接觸暴力與情色，也因為有了交集，熱烈討論過關的戰術和竅門，父子對談打破僵局，疏離感化為烏有。衝突愈多，衍生愈多的祕密和隔閡，親子間要坦承相告、彼此交心，就要從「共識」切入，並故意製造更多的「交集」。

## 突破身分的隔閡，變身「超好聊爸媽」

大概才過三個月，這位父親從初次見面的滿臉惆悵，到後來的滿面春風，還略帶驕傲地告訴我，「我和兒子現在是無話不談的麻吉喔」。因為親身體驗過，不只理解孩子想從遊戲中獲得的成就，還陪著孩子加強謀畫戰術的能力，與建立面對輸贏的正向態度。

頓時，他發覺過去的全面禁玩，根本是蠢到不行的方法，與其如此，不如讓孩子在大人視線範圍內做喜歡的娛樂，在合理約束中得到大部分的自由。這樣想這樣做之後，兒子配合度變高，約爸爸一起看籃球賽，最近心儀班上某位女同學，還找他講悄悄話，要爸爸教他如何寫告白信呢。

隨著孩子年紀的增長，他們心中會有愈來愈多祕密。尤其，當孩子的生活圈變大了，可以說話的對象變多了的時候，爸媽必然會從原本的「唯一」降級為「之一」，若老是擺個高高在上的模樣，搞不好連「之一」都當不成。什麼都不做又不改變的大人，與孩子的隔閡相對變大。親子可以聊得來，大概是不少爸媽奢望與嚮往的目標吧。

**忙碌不是家庭失和的藉口，缺乏溝通才是感情消逝的凶手**。親子間擁有共同話題，正好可以穿越年紀、身分等既定界限，進而解決代溝問題。這就好比一把打開了解之門的「萬用鑰匙」，因為能讀取對方的心，便可以有效減少紛爭與誤會，溝通時，自然不會出現惡言相向的場面，家人感情也會更親密更穩固。

話題是找出來的。面對家中惜字如金的孩子，家長不妨把握聊天原則，讓自己成為一個超好聊的大人吧！以這種方式破冰，不麻煩也不冒險，還能增進孩子的信任感與安全感。身為爸媽，和孩子做朋友的確能搭建友誼橋梁，但並不是讓他們變得沒大沒小、狂妄無禮，應該具備的倫常禮貌，仍然要規範並提醒。持續進行善意對話，要聊到孩子心中的深層世界，就不是件難事了。

# 13 孩子不是大人的『附屬品』

孩子可能和爸媽「同個模子印出來」，但他不是爸媽的附屬品。孩子不屬於任何人，需要被尊重和禮貌對待。大人鋪的路，不一定適合孩子走，他們有源源不絕的渴望，期待與世界溝通，並有權經營與主導自己的人生。

## 教養不是訓練動物，別放任虛榮心作祟

孩子是一個獨立個體，他身體裡面住著靈魂，擁有自己的意識。他們彷彿是個縮小版的大人，是個正在長大成熟的男人或女人。看起來，孩子可能是大人翻版，和爸媽「同個模子印出來」，但他們絕對不是爸媽的附屬品。孩子不屬於任何人，他們需要被尊重和禮貌對待。

很多大人認為「年紀小就是不懂」，所以一定要教要管，確實無誤，但教養可以是很愉悅的，不需嚴肅古板，更不用高壓政策。曾有心理學家提出荒謬論調，說「孩子是個充滿獸性的動物，需要社會化訓練」，以此鼓勵大人把孩子視為小狗或小猴

子般訓練，用制式化模式來操縱和限制，要求他們要聽命於權威者。孩子不是動物，更不是東西，理智溝通與人性化教育，才是教養力的基石。

有些爸媽花高昂學費，給孩子學才藝技能，親戚客人一到訪，還勉強他們表演。這到底仍是大人放任虛榮心作祟，強迫孩子接受安排。因此得到的掌聲與褒獎，似乎也在安慰爸媽「花在孩子身上的投資是值得的」。

誰喜歡被粗魯無禮的對待（不論是內心，還是身體）。孩子不反抗，不代表他沒有意見。小孩子會用「搗蛋、調皮、忤逆、回嘴」來表示「想擁有『完全的自己』，想拿回『主導自我』的權力」。大孩子使用的可能是激烈的行為了。

## 勿忘我──只有自己才能決定「自己的樣子」

二〇一五年一部紅透半邊天的電影《我的少女時代》，描述六、七年級生的校園生活，勾起許多人的青春回憶。當時，流行在畢業紀念冊的最後寫上「勿忘我」，相信爸媽也曾經寫過。事到如今，那個純粹真實的「我」還存在嗎？

年輕時，總是青澀勇敢，義無反顧。隨著年紀增加，很容易活在他人的嘴裡眼裡，活地愈來愈不像自己，違反心志，失去自我，開始用一些連自己都不見得認同的價值觀來定義自己。很多爸媽明知這樣不好，卻不自覺地使用相同的模式，想盡辦法讓孩子「聽話」，讓他忘記「自己是誰」。

大人鋪的路，不一定適合孩子走。孩子生命力旺盛，對人事物充滿好奇，有源源不絕的渴望，期待與世界溝通，經營自己的人生，他們那分單純與美好，反而更能展現自己。藉由生活中的探索，每個人都能表現自己的個別性和自由度。正如《我的少女時代》中，女主角林真心最扣人心弦的那段臺詞，「**沒有人可以定義我們，只有我們自己知道自己是誰，也只有我們才能決定自己的樣子**」。

## 找出孩子生命鑽石，他就會想辦法琢磨自己

在美國西雅圖有一間魚鋪，賣魚賣到聞名世界，還上報了。這間店的店名取的很有企圖心，就叫做「舉世聞名派克魚鋪」（World Famous Pike Place Fish Market）。

它是全美國收益最佳的零售店鋪，吸引各國人前來朝聖，不僅體驗他們的熱忱服務與拋魚絕技，更是企業界爭相學習的經營典範。

老闆約翰橫山（John Yokoyama）不吝分享成功祕訣，他建議上位者以「人」的角度關懷員工。視員工是一個「人」，然後他才會是一個「好員工」。所以派克魚鋪不只致力訓練員工成為一等一的魚販，也幫助他們獲得一等一的人生。

曾任迪士尼動畫師，卡動影業 Kendu Films 創辦人劉大偉，就比喻自己是發光的螢火蟲、不是愛念書的小蜜蜂、不是會彈琴的小蟋蟀。劉大偉自小就愛畫畫，卻被批評畫畫不能當飯吃，又因為書讀得不好被叫低能兒，因而自卑到不行，直到美術老師凱斯告訴劉大偉「You can do it. You are very talented.（你可以做得到，你很有才華）」，他的心態出現改變。

第一次得到的長輩誇獎，讓他獲得自信，從此在繪畫美術方面努力。不久之後，原本大家視為平庸的玻璃珠，竟成爲閃亮鑽石。他曾說「每個孩子都有無限可能，千萬千萬要用正面方式鼓勵他。用心找出孩子生命裡的鑽石，他就會想盡辦法琢磨自己，發出超過八心八箭的光芒。**幸運與才華在任何小孩身上都有可能，只要我們不要再把鑽石當成玻璃珠。」**

**正向鼓勵不是盲目稱讚和過度膨脹，而是要實際觀察孩子的各個層面，具體針對某些表現、作為、特質、個性或才能，給予肯定，賦予欣賞。**天才孩子也需要伯樂爸媽，再多缺點仍找得到優點，看到孩子的可取之處，就大力讚賞和認同。做孩子生命中的貴人，當肯定句爸媽，讓他爆發無限。

把孩子當「人」看待，發自內心把他視為有自主權的個體。沒有自我、沒有靈魂的人生，是可悲的人生。孩子有人生的主導權，他在未來將可以成功展現各種不同「存在身分」。

# 14 向阿拉丁神燈要『想像力』

孩子的天馬行空是與生俱來的超能力，能讓現實世界多點可愛、親子之間多點彈性，這同時是夢想的實踐力、知識的活化劑與解決生活問題的能力。和孩子聊天時，允許他們大膽「想像」吧，也給自己一點時間，練習幻想。

## 想像力是實踐夢想的超能力

孩子的世界不缺「想像力」，卡通或動畫在他們的眼裡，那些（大人所認定）的離奇劇情，都是有趣而新鮮。不過，想像力在大人的世界，可不是那麼受歡迎。孩子小時候，他們的天馬行空可以被視為可愛的象徵，但再長大一點，大人也許會不客氣地回應：「不要再說（想）那些五四三了啦！」

愈長愈大的孩子，不願（敢）再分享自己的想像，他們恐懼被罵被罰被取笑，因為在大人眼裡，這全是不切實際的妄想。與生俱來的能力，就不知不覺被現實吃掉了。孩子失去的，不只是想像力，連創造力與冒險力都受到波及。

愛因斯坦說，「想像力比知識更重要。因為知識是有限的，而想像力概括著世界上的一切，推動著進步，並且是知識進化的源泉」。知識是死的，存再多於腦子，都是不會生利息的。想像力則是活化劑，注入其中，知識才能運用。如果可以的話，我還真想向阿拉丁神燈，要無窮無盡的想像力，最好取之不盡，用之不竭，這比任何禮物都珍貴。

暢銷小說《哈利波特》的作者JK羅琳從小就愛幻想，她的爸媽覺得她過度活躍的想像力是一個令人驚訝的怪癖，但她這個怪癖卻成就了暢銷世界兩百多個國家的著作。她嘗試把一般日常摻入想像力，化為文字，盡情揮灑，創作了奇幻文學，帶著大家徜徉在冒險魔幻的奇麗世界。投稿《哈利波特》前的她也曾躊躇，但後來心想「最糟就是被退稿，有什麼好怕的」。

JK羅琳始終沒有背叛自己。她說過，「我們不需要魔法來改變世界，全部力量已存在我們內心，我們有能力去想像更好」。所謂的力量，就是人的「想像力」。JK羅琳窮到只剩想像力時，是這個力量帶領她去實踐夢想、創造希望，幫助她穿越生命的黑暗期，走出婚姻破碎、身無分文、一蹋糊塗的生活，額外的收穫是，他幫助更多讀者，重回想像國度。

## 努力養胖孩子想像力的兩個方法

孩子多半存在冒險犯難的精神。不知道的事，他們會用想的，不確定的事，他們喜歡用猜的。失去想像力的人害怕犯錯，沒有做好犯錯的準備，就永遠無法發揮獨創性。抑制孩子的想像力，就是抹滅孩子解決生活問題的能力。

**和孩子聊天時，允許他們大膽「想像」。**

無窮無盡的，不著邊際的，做白日夢都好。想像自己未來的樣貌、規畫想要的將來、模擬明日的的世界、打造一個不存在的商品等，無論多不合理，什麼都可以。畢卡索說，「所有孩子都是天生的藝術家」。當孩子畫出綠色太陽，不要糾正或反駁，當孩子說要去外太空抓魚，告訴他「爸爸（媽媽）陪你一起去吧」。

**每天給自己一點時間，不做別的，練習幻想。**

暫停生活的是非與煩躁，回復孩提時代的童真夢幻，走進心中的奇異國度。爸媽具備高度的包容，才能還給孩子無限想像的空間，這包含探索和犯錯的權利，也確實需要好好練習。別再老是把幻想視為不願面對現實的手段，有時候，腦袋加入些許幻想，可以讓煩囂世界變的可愛一點。

我最愛帶著學生「胡思亂想」，打造一個理想的情境，勾勒願景中的藍圖，最好還能寫下來，或乾脆動手做看看，期待發生在未來某個時刻。如下個月我要學會用烏克麗麗彈某首歌、明年帶領籃球校隊得到校際冠軍、當上最年輕的法國藍帶主廚、成為像九把刀一樣的著名作家等，有一個男同學因為幻想能開跑車，乾脆把自己和法拉利合成照片呢。看著自己立下的目標，他們會努力朝那個方向前進，甚至規畫進度和安排訓練，思索可行方案，並勇於嘗試。

## 置身夢想國度的超級力量

**有夢想的孩子，是不會迷路的**。夢想不是因為看見才相信，而是因為相信才看得見。一個能想像未來的人，清楚自己現在該做什麼，該走去哪裡。

好比林書豪是個亞裔人士，卻能在NBA受人矚目，他表現出的是謙遜真誠，堅持到底，永不放棄。林書豪曾在社群網站上傳一張小時抱著籃球的照片，寫下「很久以前，出生之際就愛著籃球」，照片中的他，抱著幾乎比他還大的籃球，洋溢的是開心而滿足的笑容。我猜，他早就夢想自己踏上籃球殿堂的那一天，而且朝著那一天不斷的努力，做足萬全的準備。

**有夢想的父母，才懂得夢想的可貴，才會支持孩子的夢想**。林書豪有一對支持他夢想的爸媽，一路上全力支持他朝目標邁進，並擔任最忠實的啦啦隊。陪伴與鼓勵是成就夢想的最大力量。堅定不疑為夢想負責到底的人，遇到挫折仍然愈挫愈勇時，這樣的爸媽，根本不需要花盡口舌教孩子如何堅持到底，因為堅定與熱情已經寫在生活中，親身示範給孩子看。

# 15 別逼孩子用『叛逆』證明活著

**面對孩子頂撞與抗爭，爸媽懲戒教訓外，可曾思考背後訊息與意義？大人眼裡的叛逆舉動，是孩子證明自決力的途徑，他在捍衛自己的決定權。要孩子長大，爸媽必須要改變，擁有超凡「包容力」與「自制力」是教養第一步。**

## 是孩子愛唱反調，還是爸媽愛找麻煩？

每個人都應該有自決力和選擇力——可以「自己決定」要吃什麼、要做什麼、要成為什麼樣的人。爸媽不妨先靜下心想想，遇到出門要穿哪一件衣服、剪什麼髮型、選什麼當午餐等狀況，多數時候，都能由自己當家做主。若冒出一個程咬金，干擾選擇，給予命令與限制，完全不尊重你的決定時，感受如何。你肯定非常不開心，還想抗爭到底。

**相信孩子的選擇，信任他能為所選負責，才是真民主。**有些大人假裝商量或詢問意見，過程中卻不停討價還價，試圖左右想法。一旦孩子表達的答案，不等於爸媽心中的答案，就用三寸不爛之舌，不斷地從勸誘、說服，到威脅、強迫，而且不達目的絕不善罷甘休。孩子無可奈何，最後只有妥協或接受這條路。大人的心裡早已做出打算，何必虛情假意的為民主而民主，說是尊重小孩，實際上完全不給出做決定的機會。

好比另一半送了一件新襯衫或洋裝當禮物，卻規定一大堆：參加喜宴才能穿出來、用心保養別弄髒、衣服很貴別洗壞，最好誠惶誠恐地對待新衣服，一個不小心損壞的話，還會遭受白眼對待。自以為收到一件禮物而開心不已，沒想到是沒事找罪受的無限循環。這時，應該很想把衣服直接破壞，狠狠地丟到對方臉上，表示抗議與不滿。這就是「報復」與「反擊」。

爸媽可能感到疑惑，為什麼孩子總是「很故意」？叫他往東，偏偏往西，跟他說這個不行，他偏偏要去進行。明明在老師或某些大人面前都願意乖乖配合，卻老愛跟自己的爸媽唱反調，處處作對、無理取鬧、態度惡劣、搞破壞、愛頂嘴呢。別急著認定是孩子愛找麻煩（他們骨子裡也不想破壞與爸媽的關係呀），這可是「無計可施」之下，使出的下下策啊。唯有這樣才能捍衛自己的決定權，這是一種活著的感覺。

## 別再把緊迫盯人視為愛的象徵

曾有個朋友請教我，說他的女兒才五歲，卻非常非常的叛逆，講不聽也勸不動，彷彿在挑戰爸媽的權威，測試他們的底線。讓朋友最不解的是，女兒在家和在幼稚園的表現判若兩人。老師總說他是班上模範生，表現優良，熱心助人，還會幫忙收拾玩具、維護年紀小一點的同學。回到家裡，天使與惡魔瞬間轉換，儼然是個讓人頭大頭疼的小霸王，常常故意做出惹大人生氣的舉動：擠牙膏到爸爸的鞋子裡、剪破媽媽的名貴洋裝、玩完吃完從不收拾東西、毀壞特別貴的玩具、粉刷完隔天就在牆上亂塗鴉，一大堆惹怒大人的行徑，實在令人抓狂。

其實，這對夫妻養育孩子的模式，我略有耳聞。女兒剛學走路，爸爸擔心他跌跤受傷而陪侍在旁（這當然OK），但女兒學會學好，健走如飛，他仍小心翼翼，處處跟隨，去公園遊戲區甚至張開雙臂護衛左右，防止其他小朋友太靠近而撞到女兒。媽媽說要帶女兒去挑生日禮物，卻嫌芭比娃娃禮服難看，而「強烈建議」女兒挑選另一種造型款式，不然就不買，演變成媽媽在挑禮物。這也難怪女兒會極力對抗，只有這樣他才能顯示自己的存在感和影響力。

**爸媽瞻前顧後與步步為營，無形中卻成了孩子沉重的枷鎖，限制了他們摸索世界的能力。**大人習慣性布局緊迫盯人的「雷達網」，時時控制與刻刻檢視，想要管束和控制，還認為天經地義，殊不知「頻繁干預」反讓孩子反感。

## 撤除布局在孩子左右的嚴密雷達網

爸媽的保護與幫助，對於孩子（尤其是小小孩）而言，確實必要且重要，但過猶不及，大人必須斟酌與拿捏最佳模式。不論過度保護式的「溫室教養」或過度干涉式的「高壓政策」，都可能讓孩子難以喘息或失去應有能力。就某種程度來看，這不僅阻擾了孩子的生活，還限制了他的決定。

人有尊嚴，不論何種年紀、身分、地位，都希望被重視，包含重視所做的決定。**「做決定」的本領是一種理性表現，這將幫助孩子提升自信，具備處理環境中的人事物與應對廣大世界的能力。**父母搶在第一時間幫孩子出主意、想辦法、收殘局，會讓他們感覺不舒服，因為這根本就是強迫中獎。

片刻不得鬆懈的關注孩子，圍得住孩子一時，照顧不了他一輩子。要孩子長大，不要總是幫他們做決定。面對專制獨斷的爸媽，因為自覺毫無商量餘地，孩子可能採取最直接最劇烈的「叛逆行動」，來宣告他的「獨立宣言」。當然，這不是教爸媽「完全鬆手」，要是孩子的決定偏差錯亂，並（可能）造成危害與破壞，卻坐視不管，隨意放生，恐怕養成他們目無法紀、予取予求的性格。

擁有超凡「包容力」與「自制力」，與重視孩子是個活生生的獨立個體，是在理智安全的控制範圍下教養的第一步。如何「適度的掌控」，有賴大人的智慧與學習。唯有如此，才能撤除「雷達網」，賦予孩子大量的自由與獨立下，培養他的生存力與競爭力，與展現他的自決力和選擇力。

# 16 接受孩子『想幫忙』的好意

孩子天生樂意幫忙，但他們期待「幫到忙」，往往因大人完美主義而被嫌棄「幫倒忙」。幫助失敗的經驗，不僅造成負面情緒，也影響人際相處。替孩子製造多一點幫助成功的經驗，他們會愈來愈相信自己具備「有用之材」的價值。

## 孩子期待「幫到忙」卻被嫌棄「幫倒忙」

孩子天生都樂意幫忙。他們最愛在爸媽從事某些工作時，硬要「摻一腳」，或主動要求大人「交派任務」給他。不過，很多大人卻常在無意間，傷害孩子想給予或已給予的「幫助」。

像是忍不住插手給孩子「反幫助」，好讓成果更好更完美，以達成大人心目中的「最佳品質」。或在孩子做得不夠好時，急著糾正他責備他。或用「愈幫愈忙」來拒絕孩子的好意，只為了省去後續不必要的麻煩。無論如何，都是在剝奪孩子想幫忙的機會。

有些爸媽拗不過孩子的苦苦哀求，勉為其難給予幫忙的機會。順利的話，沒有什麼特別表示，要是不順利的話，事後可能會用「都是你啦，害我搞得一團亂，早知道就不讓你幫忙了」來怪罪。

當孩子認為自己無法給爸媽或家裡具體的幫助，產生「對家人『幫助失敗』，沒辦法做出貢獻」的失落感，加上鮮少有因為幫助被鼓勵被感謝的經驗，便容易把整件事變得窒礙難行的責任，歸咎到自己身上，逐漸出現像是「反正再怎樣努力，都達不到爸媽要求」「原來我根本做不到」「我真是笨手笨腳」「我沒有能力」「唉，好挫折喔」「我失敗了」「我是個沒用的人」等負面想法。

有些爸媽是升學主義至上，秉持著「萬般皆下品，唯有讀書高」的觀念，不願意讓孩子幫忙做任何事，讀書比任何事情都重要太多。久而久之，孩子習慣不做事，也就愈來愈不會做事。

連帶的影響是，孩子會逐漸失去最基本的生活能力，可能連掃地、摺衣服、洗碗、整理房間浴室等小事，都做不來。更嚴重的狀況，還可能把「不用幫忙」視為天經地義，哪天要他幫個忙或盡本分，他搞不好還理直氣壯表示「反正大人都會做就好了呀」。

## 自以為的體貼，反成「幫助失敗」元凶

幫助失敗的經驗，常會造成負面結果。想幫小小孩穿鞋，他卻堅持自己來，大人因「幫助失敗」，大罵孩子不懂得感恩。老師不厭其煩地教導學生數學，考試成績卻始終不理想，老師因「幫助失敗」嘮叨怪罪，責備學生努力不夠。老婆買個名牌證件夾慶賀老公榮升經理，反被罵拜金女、浪費錢，老婆一氣之下說「再也不送禮」，也是深感自己「幫助失敗」的緣故。

還記得，女兒有天突然給了我一千元，興奮地說是給我的治裝費，要我去買一件漂亮的洋裝，這樣上臺演講就可以穿了。那時，讀小學五年級的女兒，一天沒有太多的零用錢，這一千元想必存來辛苦，我深刻感受到他的體貼心意。不過，我還是拒絕了。我告訴女兒：「非常謝謝你有為媽媽想，但這一千元你應該存了很久很久，妳留下來買文具或玩具吧！」

我自認處理不錯，既沒斷然拒絕、傷害他心靈，也大方感謝，讓他清楚明白。沒想到，女兒居然對我說：「媽媽，可以不要讓我覺得『幫助失敗』嗎」。他的抗議，讓我大吃一驚，趕緊改變主意，先收下一千元再說。

女兒見狀，總算露出滿意而自信的笑容。原來，大人常在體貼或不捨孩子付出的時候，不小心成為「幫助失敗」的元凶。

讓人感受「幫助成功」是很有智慧的事。某次，女兒班上辦火鍋趴，外婆熱心的把自種的菜收成，讓女兒帶到學校。火鍋趴後，女兒興奮地表示「阿嬤種的菜太嫩太好吃了，同學全圍在我這組，菜一起鍋，馬上被秒殺……」。外婆聽了臉上笑容愈堆愈滿，還跟女兒保證「會種更多的菜，讓他帶到學校跟同學分享」。女兒表達謝意的同時，老人家也感覺到自己的存在很有意義。

## 給予「幫助成功」的經驗，收服孩子的心

拒絕或貶抑孩子幫助，產生的破壞力與影響力可說是又遠又廣。不僅會讓孩子以為自己一無是處，還會讓社交人緣敗壞不堪。尤其，當孩子以為「免幫忙」的特權，放諸四海皆準時，他恐怕連在學校裡、團體中、社會上都抱持相同的態度，即使他已經大到可以把事情做好，或脫離升學壓力了，卻依舊對「幫助他人」這件事推三

阻四、談條件，或叫都叫不動、懶散成性。首當其衝的負面效果，就是無法建立良好的人際關係與互動。

製造「幫助成功」的經驗，可以收服人心。女兒就是用這個祕訣，收服不少同學的心，因為在他的身邊，能感受到滿滿的存在感與重要性。他曾跟我說，他人生的最大困擾就是「人緣太好」，很多同學喜歡和他做朋友，彼此還會爭風吃醋，為求公平起見，他常要居中溝通協調。

**不要把重點放在孩子做事「能力」，或他執行後的「水準」，只要他有意願幫忙，就欣然接受，讚賞肯定孩子做好的部分，同時允許他的不足，不要再用「幫倒忙」來挑剔他。**孩子就是孩子，他的經歷有限，就算再怎麼有天分，也不太可能一次到位，做的和大人一樣好。

爸媽要放下完美主義，放下心目中那個十全十美的高標準形象，才能替孩子帶來更多的幫助成功經驗，創造他們貢獻心力的機會。

這樣一來，孩子會相信自己的存在很有價值，是個「有用之材」。人的價值不在贏了多少人，而是在可以幫助多少人。

# 17 人人恐懼的『魔鬼氈』保護法

魔鬼氈爸媽是直升機父母進階版，秉持「哪裡有難，黏哪裡」原則，不願孩子嘗試。教孩子就像放風箏，拉太緊，飛不高；全放掉，易墜落。大人得發揮理性與耐心，透過那條幾乎隱形卻堅韌無比的線牽引，並視情況「收放」。

## 天塌下來都會努力扛的怪獸家長

曾看到一篇文章，要「直升機父母」學放手。由於孩子生的少，教養方式從古早時候的放牛吃草，到現在個個都是寶。直升機父母專指那些過分照顧、保護、介入子女生活的爸媽們，他們好比駕著直升機，盤旋在孩子四周，偵察行蹤，隨時準備當空降部隊。某些家長更演化成「魔鬼氈」的死纏爛打，貼身服務而難以擺脫，不願放手，不讓孩子獨立。

我聽過一位魔鬼氈媽媽，令人感到相當匪夷所思的某些行徑。其一是，他的兒子都已經讀大學了，仍要掌控每天第一堂課的時間，並事先到學校宿舍叫兒子起床，就像個隨時待命的「行動鬧鐘」。如此這般，過分打理起居，讓孩子養成茶來伸手、飯來張口的習慣，不知不覺中，孩子會失去該有的生活自理能力。

我真的就遇過有孩子不知道葡萄、香蕉要剝皮，因為他們的家中，都有一個「臺傭媽媽」張羅一切。

過去，直升機父母或魔鬼氈爸媽常徘徊在小學或安親班，這年紀的孩子尚且需要關注與呵護，大人付出的給予的自然較多。如今，就算出現在大學校園或公司行號，似乎也見怪不怪。類似新聞事件，時有所聞，家長搶著為自己的孩子處理每件事，乾脆直接涉入：跟同儕意見不合，直接找對方理論；被老闆解雇，跑到公司討公道；和女（男）朋友吵架，熱心出面協調；違反交通規則被取締，趕到現場跟警察嗆聲，或找委員議員關說施壓等。

爸媽不只是下指導棋，還要求孩子聽從所謂最好的安排，秉持「哪裡有難，哪裡降落」的原則，雖然給予即刻救援，但清除路障之後，孩子的人生路不見得就能平穩順遂，因為他們缺乏解決問題和人際溝通的學習機會，無形中便覺得自己無力無能又無用，對父母的依賴只會愈來愈強烈，認定「天塌下來爸媽都會拚了老命幫我扛」。

## 扮演教練角色，讓孩子帶著鼓勵與建議上場

當然，也不是「觀棋不語」才是真爸媽。天下哪有眼睜睜看孩子受苦受難，卻不出手相救的道理呢。完全不理不睬，放孩子自生自滅，是行不通的。但稱職爸媽不一定要親自下場。只要站在場邊，做好教練角色，讓孩子帶著滿滿的鼓勵與戰略上場迎戰，就沒太大的問題了。爸媽要相信孩子有能力判斷多變的情勢，並做出最妥善的因應與處理。

女兒讀低年級時，有天放學回家他告訴我「快受不了了」。原來，隔壁班某個男同學，竟因一言不合而罵他「笨蛋」「神經病」，他既生氣又難過。而且這個同學不是第一次出言不遜了。我想，他大概忍無可忍才向我求救。

我傾聽，也盡力理解。雖然我不能也不該到現場替女兒處理，但我能陪他找找看，看有什麼方法可以用。於是，我假裝自己就是那個男同學，透過角色扮演讓女兒嘗試各種他能想到或我能建議的應對模式。後來，我們一起找到一個不錯的做法，就是故意表現「高一點」的情緒。當類似情況再發生，女兒就用「無聊」來對付男同學的「暴走」。

我們不斷練習語氣和表情，我肯定他的「情緒表演」到位，讓他信心大增，也約好有機會就要試用看看。結果隔天放學，女兒就迫不及待地分享：「媽媽，我們想的辦法真的很有效耶！」

原來，男同學看到女兒一反常態，對惡言惡語無動於衷，竟然完全暴走不起來了。此後，女兒在處理情緒和人際問題上，又成熟了不少。我的引導就是希望他能擁有能力與勇氣去面對問題、挑戰困難。

## 過度呵護是「礙」，適度保護才是「愛」

**父母做愈多，孩子學愈少**。避免斷絕孩子自我成長的機會，大人必須學會「適當放手」。不是完全放掉，而是適時適度的放。就像放風箏，拉得太緊，飛不高；全放掉，又容易墜落。爸媽得透過那條幾乎隱形卻堅韌無比的絲線牽引，維持它的方向。風箏感受並順應風的強度與方向的同時，爸媽也要視情況「收放」。一旦風箏飛得又高又遠，親子雙方皆能享受乘風飛翔的樂趣。

過度呵護是「礙」，適度保護是「愛」。羅馬不是一天造成的，「草莓族」「靠爸族」「媽寶」當然也不是。直升機父母或魔鬼氈爸媽養大的孩子，抗壓性與受挫力都很低，脆弱到只能依賴父母，根本沒有打造未來的本領。

大人不可能永遠在孩子身邊，替他安排一切。未來人生屬於孩子，唯有助他提升能力，讓他擁有處理生活的工具，他才能走得安穩順利。**真正愛孩子的爸媽，會發揮理性與耐心，絕不輕易出手相救。給孩子足夠時間與空間，讓他體驗生活並經歷問題，學習方法並嘗試解決。**

真正的成功不在起點，也不在終點，而在轉折點，教孩子贏在挫折後是人生必學的課題。逆境是磨練心志，累積實力的最好舞臺，也是給孩子最受用的淬鍊。父母先放手，孩子才能上手、放膽去做。陪伴而非羈絆，挺助而不框住。大人稍微改變，將造就一個有自信、有能力，可以獨當一面的孩子。

# 18 不要忽略孩子的『工作權』

**小孩子可以做些簡單家事，從小愛做家務的人，未來就業率高，犯罪率低。大孩子不妨鼓勵他去打工，這是賦予生活能力的「最佳養成術」，把責任放到孩子身上，讓他獲得全然信任，他會開始知道自己被需要。**

## 獲得全然信任，孩子就懂得負責任

孩子喜歡模仿大人做事的樣子，尤其是三到五歲的小小孩，那是一個講得聽也叫得動的年紀。他們會拿著比自己高的掃把，在地板上揮弄，或拎著擰不乾的抹布，在桌面上擦拭，或學大人邊打電腦，邊接電話，或模仿便利商店收銀員，刷條碼與找錢。孩子笨手笨腳卻專注認真的神情，實在可愛極了。

孩子天生有工作意願，也有工作權利。每個階段有不同的工作適合他，不論有賺錢或不賺錢。小時候，可以做些簡單的家事，大一點的話，不妨讓孩子嘗試打工。工作是孩子學到打理生活的方法之一。

**把責任放到孩子的身上，並讓他知道大人全然相信他，久了，他自然懂得為家為團隊為公司負起責任。**願意工作的人，會相信自己的價值，獲得肯定，會發現自己被需要。

相反的，從小就被否決做事權利的孩子，因為認定自己不必（會）工作或幫忙，同時也認定沒有人需要他，貶低自己存在的價值。這種想法延續到大的話，孩子會妄自菲薄，自覺沒有足夠的能力，於是不敢也不想找工作，逐漸與社會脫節，變得格格不入，出現「大家都對不起他」「眾人皆敵」的反社會人格，甚至做出傷害或破壞的行為。

## 沒有工作權利，大大提升犯罪機率

哈佛大學曾經做過一個調查研究，得出十分驚人的數據。此調查的對象是「愛做家務的孩子」與「不愛做家務的孩子」，長時間觀察下來，發現他們成年之後的就業率為15：1，犯罪率則是1：10。另外，喜歡做事的孩子，未來的離婚率與心理疾病患病比例也都比不愛做事的孩子低上許多。

其實，不論國內國外，很多罪犯者都曾是或一直是無所事事、工作不穩的人。若費心地向前追溯，就會發現一切有跡可循。反之，受人敬佩或事業有成的人，多半在年輕時就有工作經驗，並藉由環境中的各種試煉，培養專業能力和強大生存力。但為此讓孩子從事非法童工，或超時工作、處在惡劣場合工作，或遭受不平待遇、被奴役販賣等，當然完全不適合也不允許。

女兒十六歲時，自告奮勇說「要去打工」，希望能存錢和好朋友一起去韓國旅行。我贊成他藉由打工的機會多學習，也認為靠自己的力量酬湊旅遊基金很不錯，便在有交換條件限制的前提下答應他。

我開的交換條件很簡單，要達成並不難，只要注意以下幾點：

◆ 選擇有品格有誠信的業主，與安全可靠的工作環境

◆ 衡量自己的興趣與能力，不因為工作影響正常作息

◆ 擁有正向學習的工作態度，保握每一個體驗的機會

◆ 做忠實原則的自己，不受錯誤的價值觀扭曲或誘惑

後來，女兒找到住家附近一家連鎖早餐店的工作，我也和他一起到現場做評估與觀察，確定一切OK，就展開他的打工體驗了。

期間，女兒會主動和我聊工作上的事，如與老闆或同事的互動、工作時的新鮮事、學不會的壓力、不小心的出槌與疏忽，或偷偷抱怨一下奧客……，如此一來，我可以了解女兒的工作狀況，也能在他遇到困難時，一起討論排解的方法，愈來愈上手之後，還會跟我分享讓工作效率變高的妙招。聽說，老闆和同事對他讚許有加，而他也相當滿意自己的表現。

## 打工是賦予能力的「最佳養成術」

對於習慣過度保護孩子的華人爸媽來說，要涉世不深的青少年去打工，肯定是一大難題。其一，擔心孩子遇上不肖廠家而上當受騙，其二，害怕孩子被花花世界迷惑而價值偏差，其三，焦慮孩子影響課業成績。不過，要是因此而斷然拒絕，孩子瞞著父母偷偷來，可就不好了。捍衛孩子工作權，包括知悉他的工作情況，事先把關與評估，協助他妥善分配時間，隨時留意他的動態，持續關心與鼓勵，都是爸媽的重要任務。

根據加拿大統計局青少年轉型調查（Youth in Transition Survey），發現在青少年階段打工的好處多多。例如，更能了解自己的需求和定位，將來相對容易找到適合工作；或願意接受鍛鍊，提前實現自我價值和夢想；或培養團隊精神和溝通能力，社交與人際更廣泛；或從體驗生活艱辛中，知曉一事一物皆要努力耕耘，學會自制、惜福，對爸媽能夠心存感恩；或因為掌控、能運用的錢變多，提早了解做好財務規劃的重要性等。

打工是賦予能力的「最佳養成術」，這是孩子人生中寶貴的「體驗教育」。孩子提早面對社會關卡與考驗，有更足夠時間「過五關斬六將」，讓能量不斷累積。雖然打工賺的錢，不可能完全 cover 開銷，但孩子靠自己力量賺錢，成就感跟著升級。待孩子大到該出社會工作賺錢，便不會成為讓人頭大的「伸手族」或「靠爸族」，他們會努力當一個自食其力的「獨身貴族」。

# 19 擾亂孩子步伐的『兔子爸媽』

操之過急的爸媽，好比衝入賽道、擾亂步伐的兔子，他們擔心孩子輸在起跑點，逼著孩子執行「菁英計畫」，將成為發展阻礙的學習惡夢。孩子是天生的學習家，充滿無限潛能，大人要當啦啦隊，擔任最有力的後備支援。

## 操之過急的菁英計畫，削弱孩子學習熱情

我讀過一篇文章，叫《別做兔子家長，擾亂孩子步伐》。這是一位校長針對臺灣教育環境，所提出的忠告。操之過急的爸媽，好比長跑時，衝入賽道的兔子，自以為能領導孩子跑得快跑得好，卻反成了擾亂步伐的罪魁禍首。

看完之後，我有感而發。不是因為我是兔子媽媽，而是我身邊有太多熱心的兔子親友了。從女兒小學開始，我就不斷接收到長輩的叮嚀，要我讓他多學些才藝，培養專長或找到興趣。女兒同學的媽媽發現女兒沒補習，提醒我趁早替他報名英語、數學、作文、珠算，否則將來一定會跟不上。加上家住市區，讀私校的風氣盛行，

女兒才在小三小四階段，就三天兩頭有「好心人」給予建議，大談「我的女兒」未來應該讀哪一所私立中學比較好。

和其他家長聚在一起，不只要聽他們的「菁英計畫」，還得被強迫洗腦：與其擔心孩子輸在起跑點，乾脆先偷跑再說，超前學校進度才是王道。聽聞像我這種沒讓孩子補習的大人，就半帶威脅地提醒：「這樣不行啦，一旦課業落後，就跟不上了！」「大家都在補，只有你家孩子沒有，他會自卑唷！」「寧願現在辛苦一點，多花一點錢，將來才不會大人小孩都後悔！」「孩子這個年紀吸收最快了，就是要趁著這時候趕快學呀！」

## 親子聯手商量計畫，孩子才會乖乖遵循不賴皮

身旁的人，你一言我一句，不免人心惶惶。大人可能是被嚇怕，或許是為了顧全面子問題，勒緊褲帶也要讓孩子補習。於是每到放學時間，就會看見「計程車爸媽」在校門口痴痴的等，等著孩子放學、上車，穿梭在大街小巷，疲於奔命，只為接送

孩子到安親班或才藝班。搞到後來，放學之後就能直接回家，享受天倫之樂的孩子，反倒成了異類。

孩子為了趕場，失眠或睡眠不足的狀況很常見。起個大早到校上課，放學又得應付五花八門的補習或學習，時間被教育怪獸吃掉了，學習動力也被磨光殆盡了。我就碰過有孩子把生活比喻成「坐牢」，他完全不知為何而學或學到什麼，因為他所經歷的學習，始終都是按表操課、身不由己、任人擺布。

有位媽媽向我抱怨，天天如轉陀螺似的鞭策十四歲兒子「該做什麼」及「什麼還沒做」，還安排一堆課程，把空閒填滿，希望他把握時間多學習。其實，每天忙到焦頭爛額，累得要死，媽媽都心甘情願。讓人生氣且無力的是，兒子老是不懂大人苦心，擺副無所謂的樣子，真是皇帝不急，急死太監。

我建議媽媽不妨在適當取捨下，與兒子共同擬定作息計畫，並保證會照新表執行，不再額外添加，前提是兒子也不能賴皮。半個多月下來，絕大部分時間兒子都能遵行。期間若發現不適，還會彼此討論如何修改。後來，兒子知道每天該做什麼，課業進步，親子爭執變少，打籃球或其他休閒活動無減反增。兒子說：「既然是跟媽媽一起決定的，表示我也同意，就不敢有怨言了。」

## 只要持續往前，終究能到達終點線

期待孩子「品學兼優」，學業和才藝缺一不可，樣樣都要會，場場都要贏，多數的兔子爸媽過度干涉，習慣把孩子課後時間，用補習班和才藝班塞滿滿，孩子失去自己的速度，喪失自己的計畫，連自我管理的能力也被剝奪了。

孩子是天生的學習家，他們充滿無限潛能。很多時候，孩子確實會主動要求學習或加強任何科目或才藝，他們求知若渴，懷抱強烈意願。但爸媽的期待與要求，不只可能成為發展阻礙，還會抹煞天分，成為孩子惡夢的開始。於是，孩子不得不從自動自發，變得放棄學習、賴皮不做、嫌東嫌西、頻頻喊累、亂發脾氣等，衍生一堆負面情感。

別總是企圖打亂孩子的節奏，讓他順應自己的步調，維持體力與動力，只要持續往前，終究能達到終點線，完成目標。**掌控步伐的跑者是孩子，大人要擔任的是啦啦隊角色，在他需要時遞水遞毛巾，並陪著他一塊前進，一塊成長**。按照適合的梯度與階段，可以學習的很快樂，很有效率，又很有效果。

# 20 搶救被3C產品綁架的家

3C產品確實為生活帶來便利，若全面禁止使用，實在不近人情。引導孩子有清楚的認知，懂得踩剎車與喊停，才能提升孩子對3C的免疫力。培養自身抗體，訓練堅強的抵抗力，才是最佳的控制力。

## 還在貪圖教養便利，用3C來餵孩子嗎？

現代人處在科技時代，3C產品隨處可見，唾手可得，實在很難躲過召喚，全身而退。放眼望去，路上、車上、電梯裡、餐廳裡等，幾乎是人手一機，和3C形影不離。於是，明明面對面的情侶或友人，卻游移在螢幕的鍵盤上，開口聊天變得尷尬，手指交流反而熱絡起來。

不露相，才是真人。近在眼前，卻完全照不上面，因為更要緊的是低頭關注那些虛擬世界的訊息。眼神的交流、語言的溝通、肢體的互動等，全濃縮到3C的媒介。真實世界的人類，自顧自的進入網路世界。

很多爸媽跟我抱怨，說孩子老是窩在家，一支手機從早「滑」到晚，要他去走走去動動都甭談，寶貴假期就這樣消耗掉。

其實，小時候的孩子也曾經有苦無處可說。如大人擔心在餐廳坐不住，所以吃飯配平板；擔心搭車一直問「到了沒」，所以旅行配平板；擔心在家就吵著大人「陪我玩」，所以沒事就餵平板……。除此之外，在孩子成功被平板吸引後，大人得到的寧靜，多半也奉獻給3C裝置了。久而久之，養成習慣，有樣學樣，長大之後的孩子，怎麼能沒有3C的陪伴。

不過，3C產品的普及，確實也帶來生活的便利。若要全面禁止孩子使用，實在太不近人情了，更何況，大人自己也很難做到吧。身處文明進步的社會，敲按鈕、打鍵盤、玩平板、滑手機在所難免，玩遊戲、看影片、上網聊天也不為過，這常是孩子在團體中的共同話題來源。

既然如此，大人要想想自己享受的3C便利，也要明白孩子也正享受著。同時，用正向態度引導孩子（與自己），理性而正確的使用。水能載舟，亦能覆舟，3C裝置也是如此，端看個人如何做好控制。掌控得宜，安全行駛；掌控得不好，危險駕駛。

## 爸媽的即刻救援要包含「開始、改變、停止」

想當初，精靈寶可夢（Pokémon GO）手機遊戲風靡全球。路上行人不在眼觀四面、耳聽八方，而是眼觀剩一面（手機螢幕），耳聽無方，只是對著手機呵呵笑。要不就打聽哪邊有寶，然後一呼百諾，眾人集體湧現某處街頭，成了毫無察覺能力的「僵屍大隊」，造成許多交通意外和治安問題。大人直接對孩子下禁令不管用，發揮創意，找個比抓寶更有趣的事更實際。

我曾看過一則報導，說比利時一位小學校長整理圖書館時，因為藏書過多，空間不足，突發奇想把書藏到戶外，辦起「尋找抓書獵人」遊戲。他在多數人每天都會瀏覽的臉書上公布訊息與線索，鼓勵玩家找書，並在閱讀完後，再次釋放出來（藏到另外一處）。校長說，這是他跟孩子玩寶可夢後興起的構想，期待藉此讓現代人走向大自然，並徜徉閱讀樂趣。

當然，不是說爸媽一定要辦個這麼盛大的活動才行，而是要學習這位校長的創意，還有不怕麻煩的態度，才能把被3C抓住的孩子，成功抓回。此外，關注孩子的行為與心思，立下明確規範，堅持恰當控管，也非常重要。

被3C所控制的孩子，常常會玩到廢寢忘食、索求無度、走火入魔，這同時表示他已經失去自我控制的能力，大人再不出手相救可不行。

爸媽的即刻救援，最好要包含以下三個部分——開始、改變、停止，三者缺一不可。如果在3C的使用上，沒能維持平衡，就可能會導致無能、失控、困難與不幸。想想看，一個人開車上路卻不懂得怎麼煞車，或兩路相會時沒有紅綠燈或號誌提示，這個失去秩序的環境，就會處處充滿危險。

一個3C成癮的孩子，到底是他在玩3C，還是被3C玩呢？引導孩子有清楚的認知，懂得踩剎車與喊停，才能提升孩子對3C的免疫力。培養自身抗體，訓練堅強的抵抗力，才是最佳的控制力。

**開始，就是介入其中，明訂規範，不再放任。**

大人要與孩子做雙向的討論，一起訂定使用3C裝置的時機和頻率，開出雙方都同意，也都可接受的合理規則，再用白紙黑字敲定契約，親子雙方皆擔任見證人與當事人的雙重角色。值得注意的是，偏頗或獨厚單一方面的條件，可能會罔顧對方的意願或需求，導致規範窒礙難行。以同理心與耐心，溝通出具有交集的共識，才是萬全之策。

**改變，就是依契約規範，堅持去執行與遵循。**

既然訂立了規範，就要說話算話，遵守承諾，並堅持到底。首先，父母千萬不能出爾反爾，或隨著情緒起落而朝令夕改，這是身教的示範，教孩子也要言行一致，遵守已經說好的使用原則。爸媽是把關的守門員。事先約法三章，事後不輕易妥協，總之要像吃了秤砣鐵了心，捍衛到底。一時心軟允許孩子提議的「僅此一次，下不為例」，或受不了討價還價、死纏爛打、撒嬌求情而放寬限制，到頭來可能是沒完沒了的勒索戲碼。

**停止，就是在必要時刻，執行關鍵的停止動作。**

這個階段要暫時讓自己變得鐵石心腸，對於孩子的無理哭鬧或暴走，不輕易撼動既定原則，也要控制好自己的脾氣，別讓情緒淹沒理智。接著，清楚讓孩子知道違反了什麼規則，再用溫柔而堅定的力量，引導孩子執行「停止動作」，關掉3C裝置的開關（不只用嘴巴說出指示，還要帶領他去做）。即便有說好的規定也不該貿然關機，以免引發更大的戰爭。執行停止的時間點，可以臨機應變，給予五至十五分鐘的額外享受，允許可行的延後時間，是沒有問題的，但仍要有具體明確的「截止時間」，這是讓孩子學會自我管控的好機會。

## 教養情境放入秩序，孩子上網不迷惘

當然，大人本身也要自我掌控，身體力行做榜樣給孩子看。否則，大人與孩子有差別待遇，他怎麼可能心服口服。只是用「因為我是大人」來搪塞標準不同的疑問，孩子可能表面上閉嘴，背地裡卻偷偷來。

有些爸媽誤以為「在孩子身邊待著」就是陪伴，於是，全家出門遊玩，卻放不下手機，三不五時一定要滑一下臉書、回一下訊息。

其實，人與人之間最遙遠的距離，就是「人在，心不在」。心不在焉的陪伴，根本算不上陪伴，只是一種勉強的行為。既然要陪孩子，應該要完全放下，放下手機、筆電、平板，放下工作、情緒、煩惱等，專注地和他們一起參與同樣的事情，從事同樣的活動，這才是真正的陪伴。

近年來，網路與3C產品的普及速度相當快，孩子的接觸層面愈來愈廣，幾乎與大人一模一樣，甚至更多更複雜。對於孩子使用網路的範圍，包含上的網站、參與的社群、互動的對象等，一定要多加關心與留意，互相交流與分享。當然，這必須建立在親子有良好互動與信任的前提上。

最常見的部落格、臉書、推特、聊天室、微博、Line、YouTube、搜尋引擎等，都可能有不當不雅的文字或圖片（影片），放任思慮尚未成熟的孩子瀏覽觀看，很容易造成價值觀與判斷力的扭曲。一如近年來網路上常常出現的「正義魔人」「毒舌網軍」等，總是在不明就裡的狀況下口出惡言，卻往往能轉動風向球，成為某些人心目中的英雄。

爸媽的開導，可避免孩子不理性的崇拜與不必要的麻煩。像是減少被「網路紅人」的業配文與言論左右心思，或在好奇心使然、模仿朋友同儕作法之下，發表不當言論與不雅圖片，以致涉及法律問題等，這些都該及時教育，讓孩子知道誤觸法網的嚴重性。所以，爸媽要做的功課真的不少。

「自律」就是做該做的行為，不做不該做的行為。「自制」就是對事物有良好控制，不受事物的錯誤控制。父母的教養情境要放入秩序，重整規律，如此一來，孩子縱然上網，也不會迷惘。

NOTE

# 拆解地雷的金牌步驟篇

生了孩子卻因沒教養說明書而苦惱嗎？
這是透過 20 年以上輔導經驗，精心設計，
只要 8 大步驟與 24 道練習題搭配使用，
就能改變互動結果，成功撥雲見日啦！

第1步

# 聚焦在當下的『收心操』

唯有聚焦孩子的心思，他們才能回到當下，進入眼前的情境。人常常會讓自己卡在以往的經驗中，以致注意力總是停留在過去，尤其會佇足於那些令人不舒服的時刻，也就是說，讓太多的昨天占據今天了。

操作步撇

## 看一看周圍景觀，摸一摸身邊事物

「收心操」能導引孩子的注意力，幫助他從問題中或煩亂中，暫時轉移到外在環境，享受視覺與觸覺帶來的額外感受，心情會因此而舒坦許多。多數人在遇到困境時，會使想法趨於狹隘，容易變得「內觀」。內觀過度不能解決生活難處，反而會愈來愈死心眼，走不出死胡同。

**透過做「收心操」可以幫助人「外觀」世界。運用觀察力，讓自己和外在做連結與溝通**。各個領域的專家都常在推廣，說生活苦悶難熬的人，要暫時脫離令人難過的場合，把自己與煩瑣人事物隔離一下，以免繼續鑽牛角尖，陷入無窮無盡的可怕深淵。這種時候，最乾脆的做法就是放自己假（從中抽離），去散步、觀光或旅遊都好。強迫外觀，避免陷入自我情緒中而過度內觀。

如此一來，可以幫助自己（或他人）情緒酣暢、心情鬆快，面對問題與解決問題的能力也跟著變高，搞不好能想到一些更好方案來突破難關。我就遇過一位工作壓力很大的爸爸，他特別喜歡走路散步，每當工作上遇到瓶頸或難題，下班後乾脆走個三四十分鐘回家，愈走愈靜心，就不會把壞心情帶回家，孩子與太太自然不需要承受他在工作上的不順。當情緒變得正面，看問題的角度也就變得正向，困難當然一點都不難囉！

## 境情1 聽講或聽課前的神遊時光

過去在學校任教，教到低年級學生時，常會發生上課鐘聲響後，孩子雖然身在教室，心卻飛到九霄雲外，要不在遊樂區溜滑梯、盪鞦韆，要不在草叢中抓昆蟲，他們靈魂在外神遊，根本無心上課。

所以，正式上課前，我習慣帶學生做幾分鐘的「收心操」，或直接讓「值日生」對全班同學下指令，利用集中觀察力回到當下，如看看教室裡的某物體，可以是前方的黑板、老師的書桌、教室周圍的書櫃置物櫃、天花板的日光燈、後方的教室布置、牆壁上的時鐘、自己桌上的課本或文具、隔壁同學的書包等。

收心操結束，同學多半能回過神來，提升精神與專注力，連帶好處是班級秩序變好了，昏昏欲睡、無精打采的狀況跟著變少。後來，其他老師或說故事媽媽在集會或開講前，都會運用「收心操」來幫助學生集中注意力。

## 境情2 令人緊張的大考或關鍵時刻

上臺演說或表演前，緊張是必然的。這時，熟悉環境是很重要的。提醒孩子別太急著開始，觀察天花板、麥克風、地板、牆壁、電燈、舞臺、桌椅等都好。若提早到現場，還可以坐到觀眾席，模擬臺下觀眾待會兒的注視視線，指出孩子上臺後的預計位置。

曾有孩子向我表示，做完「收心操」就像吃下「安心丸」，可以更自信更自在的展現自己，降低失常機率。舉凡考汽機車駕照、全民英檢，或參加基測會考、口試面試，乃至選秀活動等關鍵時刻都適用。以前，我帶女兒去看醫生時，就會在候診時，看一看或摸一摸周圍或事物，幫助孩子紓緩焦躁與不安。

## 情境3 面對分離焦慮與拒（懼）學的孩子

初入校園或陌生學習環境（如幼兒園、安親班）的孩子，擔心與爸媽分離是很常見的現象。若大人強迫他們接受事實，可能會造成更嚴重拒（懼）學情形。**爸媽除了給足心理建設，最好能搭配收心操，幫孩子加強熟悉度與親切感**，如提早到校，帶孩子在校園周圍走走看看。不少老師或志工媽媽也會在剛開學時，利用早自習或前幾堂課，帶學生走出教室，到遊樂設施區、操場等空間，看一看溜滑梯、盪鞦韆，摸一摸蹺蹺板、攀爬架，不僅消除新生不安，也透過視覺與觸覺感知環境，進而掌控環境，後續使用設施時，受傷機率大幅降低。

## 境情4 破不了關造成的心煩氣躁

孩子的成長過程，要面對的難關很多，偶爾會碰到一些非常難破的關卡，這時，就很需要收心操來緩和。像我女兒在讀國小的時候，最常卡在數學作業這一關。有次，她又因為一個計算題解不出來，而變得心煩氣躁，翻書翻得很大聲，連橡皮擦掉到地上，都覺得自己被找碴。

於是，我建議她放下筆，暫時停止用腦。然後，和她一起東看看西摸摸，數書架上總共有幾本書、猜筆筒裡有幾隻紅筆、幾隻藍筆，看看窗外白雲的形狀，聽聽外頭的車聲、蟲鳥叫聲、說話聲……。幾分鐘之後，女兒心情明顯變好了，她回到書桌前，繼續寫數學作業。不到五分鐘，那個本來被視為大魔王的計算題，輕輕鬆鬆就被解決了。女兒興奮地告訴我：「媽媽，我就知道妳有方法。每次跟你做完遊戲，再回頭看同一題，就覺得自己變聰明了。」

後來，女兒再長大一點，不用我帶著她，她也能自己利用收心操來跳脫，為難關找到出口。其實，不只用在寫功課上，做美勞、堆積木、彈鋼琴、打籃球等，任何卡關不順或出現盲點的場合，都能派上用場。

## 境情5 偶發的身體不適或賴床

女兒的好朋友被躲避球擊中耳朵，當下痛到眼淚直流，女兒趕緊陪她到保健室，給護士阿姨檢查。走去保健室的途中，女兒看好友好像很難過的樣子，靈機一動，想起我常教的收心操，就陪好友四處摸摸看看，不一會兒，好友就明顯感覺痛苦減輕，還誇我女兒是「神醫」呢。

還有個苦惱的爸爸，喜歡開著休旅車帶全家一起去山區露營，一趟路下來，車程兩三個小時跑不掉，偏偏小兒子嚴重暈車，上路沒多久，就昏沉想吐。聽過我演講之後，他「試用」收心操，在兒子開始「表示暈車」時，就會停車片刻，帶領他觀看身邊景色、聆聽大自然的聲音，或乾脆下車去觸摸花草、石頭。再上路時，兒子暈車的症狀明顯減輕不少。

此外，也有家長跟我分享，他們曾經嘗試在孩子出現對健康並無立即危害的小問題，如便祕、發燒、肚子疼、喉嚨痛、中暑、賴床（睡眠不足）時執行收心操，效果都不錯。不過，不論遇到哪種狀況，收心操目的是用來減緩孩子不舒服，並不能干預或取代專業醫療。

## 境情6 記性不及格，忘性卻一級棒

孩子老是背書背不熟，背到一個頭兩個大，背出來還是「二二六六」？某補習班老師聽完我的演講後，便要求幾個英語成績沒起色的學生，背單字前先做收心操，幫學生從「恍神」中「回神」，思維變清晰，也背更熟。背課文、成語、注釋、九九乘法表、化學公式前都可以。把收心操的方法教給孩子，讓他自己做也行。有個讀小三的男孩，和媽媽一起參加親職講座就學到了。他用背成語做實驗，在背成語前與考試前都做兩分鐘的收心操，本來測驗成績總是不及格的他，第一次進步到七十分，第二次進步到八十五分，第三次竟然考了一百分。

## 境情7 害怕的情緒與低落的心情

收心操也有收驚效果。我曾去南投做分享，對象是三百多位警察。警員把收心操活用在車禍現場或急診室，能幫飽受驚嚇的駕駛或乘客緩和下來。因為情緒穩定後，會比較願意回憶或思考事發經過，做筆錄也更順利。不僅是車禍，家暴、溺水、地震、聽到噩耗、碰到讓人害怕的動物等遭遇等都適用。

收心操還能提升EQ管理。我認識一個很有智慧的家庭，他們一家四口每天晚餐後會相約到公園散步，走走看看，緩和一天下來的壞心情。家人間發生爭吵，也很有默契做收心操，轉移注意力，待心情調整好，再回來開家庭會議，進行理性溝通。

## 必勝練習題

- ♥ 觀察孩子生活中的蛛絲馬跡。身為爸媽，看得出孩子感到不舒服（身體或心情）時，會出現哪些表現或狀況嗎？
- ♥ 孩子寫作業、大考或上臺表演前，與同儕手足爭吵、考試表演失常後，該如何幫孩子做收心操，來消除他的緊張、憤怒或失落呢？
- ♥ 利用時間全家到外頭走走看看，感受自己情緒變化，並透過互動來觀察另一半與孩子的心情與想法，有沒有什麼提升與改變？

第2步
# 營造幸福感的『開心操』

當孩子正為某些事煩躁時，就先別再逼著他繼續做那些事了，以免他變成壓力鍋，隨時存在爆開危機。培養孩子的興趣，支持並鼓勵他去做些喜歡的事，只有想辦法讓「不開心」走開，「開心」才能回來。

操作步驟

## 鼓勵從事喜歡或有興趣的活動

「你快樂嗎？」問問自己，問問孩子。快樂的心情，可以營造幸福的感覺，不幸的家庭，往往一代傳一代，變成惡性循環。幸福的人，才能把幸福傳給身邊的人。人生出現磨難理所當然，不「開心」一下，只會卡在陰霾裡。

所以，要盡力追求熱情，發掘喜愛的事物，協助孩子找到感興趣的事物，並鼓勵他去從事。**不論是專長、娛樂或休閒、嗜好都可以，有特殊意義的更好，這些都能成為加速快樂的「推進器」**。每週保留一兩個小時，做些讓人開心的事，維持生活品質與高昂士氣。

幸福不見得是輕鬆、耍廢、什麼都不必做，而是在例行事務之餘，增加一些有樂趣和有意義的事，讓精神變抖擻，心情跟著振奮，連帶激發做事動能，就像社會上被推崇的「幸福企業」一樣。

人擁有正面情緒就會有正面力量，持續保持熱忱，身體更健康，做起事來更順利，人際關係更融洽，還能提升執行力創造力。怪不得很多研究都說，快樂和成功之間，有著微妙的關係：成功能增進快樂，快樂能促進成功。

## 情境1 既然靜不下來，乾脆動個開心

有不少擔心孩子過動或專心不足的大人，會刻意安排一些靜態活動，逼孩子去從事，以為把人綁住了，動不了就會靜下來。其實不然，孩子搞不好會在對抗之中，更討厭這些要乖乖坐著執行的課程。足夠的運動量，可以促使大腦分泌腦內啡，讓心境變得愉快、振奮，也由於正副交感神經作用平衡，孩子情緒反而穩定，專注力自然跟著提升。

我就碰過一個課業落後、神經大條、個性迷糊，老是丟三落四的男孩，始終不放棄自己最愛的直排輪，他的媽媽也允許他每天都「玩」。獲得支持的男孩，認真玩也開心玩，玩著玩著，居然玩到參加比賽。

本來常常為了成績不理想而自卑沮喪的孩子，因為堅持自己的興趣，成功提升自信。令人意想不到的是，這個小男孩後來也主動在學業上下功夫，成就感與榮譽感雙倍成長。

## 情境2 擺脫內向束縛，靠興趣交朋友

個性內向或慢熟的孩子，往往因為不夠大方、主動，限縮了自己的交友圈，失去許多交到朋友的機會。如果這樣的情形持續下去，孩子或許會開始對「交朋友」這件事，愈來愈沒自信，也會愈來愈沒興趣，甚至不想花時間花功夫去經營人際關係，成為獨行俠或邊緣人。時間一久，搞不好還會懷疑自己的存在價值，在各方面都感到自卑。

就曾經有個不愛講話的八歲孩子，在班上沒幾個朋友，每當放學被家人問到學校的事，都不太愛分享。後來，他的媽媽隨著孩子的興趣，讓他去上樂高積木的進階課。過程中，這孩子學會做「移動的樂高」，還結交到不少志同道合的朋友，個性也開朗許多。令人驚訝的是，這孩子把相同的一套用在班上——用興趣交朋友，讓自己不再是分組落單的那一個。

## 境情3 不再高高在上，拉近親子距離

想要拉近親子之間的距離，不是口頭說有多愛他們就可以，陪伴孩子從事令人愉快的事，他們的感受才會更加直接。

爸媽不妨與孩子共同設定一個目標或任務，無厘頭的也可以接受，如養寵物、看漫畫、講笑話、吃辣比賽、玩大富翁、玩鋪克牌、腦筋急轉彎、電動遊戲闖關、學會某件親子都不擅長的事（如攀岩、吊單槓、背某首歌的歌詞）、集點與收集公仔等，在安全的狀態下，任何活動都OK，重點是在親子一起進行。

有位過往十分嚴肅的老爸，當他決定暫時放下高高在上的身段，和十一歲兒子並肩而坐，投入《海賊王》動畫，還向兒子請教劇情後，雙方的交集修復破裂的關係，情感加溫許多。當爸媽的親和力和信任度暴增，在對孩子有所要求時，他更能理解大人的用心良苦，配合度自然變高。

## 境情4 釋放壓力，學習更有效率

我還在小學教書時，考前一週肯定是緊鑼密鼓的加強複習週。不只是學校，安親班補習班上緊發條，拚命做評量寫考卷，回家後，爸媽加入戰局，習題練習再練習，那段時間幾乎所有娛樂或動態活動都得暫停。

孩子像極了「壓力鍋」，處於極度緊繃狀態，隨時可能「碰」一聲爆發。眼見孩子連下課時間都被剝奪，情緒明顯低落，我便會在那週每天安排一節課，讓全班打躲避球（當時帶的學生，下課時間最愛打躲避球）。嘗試幾次後，我發現學生心情變好了，更專注於複習，班上也不再怨聲載道。

境情5

## 睡覺不見得是消除疲勞最佳辦法

我有個十五歲就去加拿大讀書的學生，暑假回國的他，與我分享新環境的新鮮事。其中最讓他感到訝異的是，他讀的加拿大學校，會要求學生在吃完午餐之後的一小時內，要不就待在操場運動、遊戲，散步聊天也行，要不就是參加社團活動，總之，在不違反校規的前提下，可以做任何想做的事，反正就是不能待在教室裡（睡覺、看書都不行）。

這些規定與臺灣大部分的教育環境有很大的不一樣。在臺灣，多數國中小學的午休時間，通常規定要趴睡或看書自習，根本不可能往外面跑。剛到加拿大的他，確實有點不適應，深怕自己會因為中午不能趴睡，導致下午上課精神不濟。但是，久了之後，他便慢慢發現到，午飯後做一些有興趣的活動，就像全面放鬆，下午上課精神百倍，也不容易感覺心浮氣躁。

反觀在臺灣念書時，雖然午休經常可以睡上整整半小時，但是，精神不見得會特別好，有時候，下午第一堂課往往還在昏昏欲睡的狀態下進行，甚至整個班級都籠罩在死氣沉沉的氣氛中。

## 境情6 教養過程，爸媽也需要做開心操

與孩子相比，大人的生活相對複雜，一樣的一天二十四小時，除了人際、工作要面對，家庭也要經營，偶爾還會冒出一些意料之外的大小事要處理，可想而知，會有更多的問題，引起「不開心」的情緒。尤其是教養孩子的過程，三天兩頭就有新問題等待解決，行為與思緒大概很容易隨著心情好壞來表現，如果沒有開心操來分憂解勞，把負面情緒施加在孩子身上可就不好了。

教養不只工程浩大，為期又長，影響的層面與人都廣，爸媽責任重大，得隨著各個階段的演變，嘗試新方法、立定新目標。所以，遭遇不順遂很正常，排解不開心很重要。壓力要定期抒發，才能迎接更多挑戰。

從事有興趣的活動，就是很不錯的抒發途徑，像是插花、繪畫、烹飪、跑步、游泳、健身等，都能幫自己從中跳脫，注入正面能量。當然，夫妻或全家一起行動，去泡溫泉、釣魚釣蝦、旅行賞花、打保齡球、踏青露營等，就算在家吃爆米花看電影、玩撲克牌，都能創造開心時光。**透過從事喜歡的事，轉變成快樂心境，問題會突然迎刃而解。**

## 必勝練習題

♥ 靜下心來觀察與思考，孩子在做哪些事情時，會感到特別有熱忱與朝氣？做哪些事情時，卻總是提不起勁呢？

♥ 當心情Blue（憂鬱）到不行的時候，最想馬上去做什麼事情，才能感到通體舒暢，心情跟著美麗起來呢？

♥ 孩子有興趣嗎？自己的嗜好又是哪些呢？親子間嘗試相互分享屬於自己的「開心操」，開始營造快樂的氛圍吧！

第3步
# 雙向溝通的『神奇咒語』

事出必有因，強迫孩子接受大人想法、壓抑自身情緒，或忽視以對、假裝看不見聽不見，都會讓親子溝通窒礙難行。漠視問題，不代表問題不存在，用神奇咒語展現大人誠意，就能開啟對話的橋梁。

操作撇步

## 先同理以對，才能「換句話說」

孩子狀況一堆，用罵用恐嚇用威脅的，甚至用體罰的，大概說到口乾舌燥，打到藤條斷掉，還是有大排長龍（而且愈排愈多）的問題在等著解決。俗諺就說「嚴官府出厚賊，嚴父母出阿里不達」，手段愈激烈，孩子愈頑劣。

愛碎念、愛嘮叨、動不動就抓狂暴走的大人，是不可能受歡迎的，孩子見了只想趕快逃跑，能跑多遠就多遠，心裡有事也不想說給這種大人聽，因為「講了之後，也只有被罵的份」。一旦關心成為冗長而枯燥的「說教」，愛的成分就會變的稀薄，稀薄到讓人快要無法呼吸。

「神奇咒語」是厲害的溝通大砲，可以協助關係破冰，平復內在情緒，還能拉近雙方距離，簡直威力無窮，百發百中。**使用神奇咒語時，一定要搭配「菩薩臉孔、溫柔語氣、熱切眼神」，不然咒語會失效，講再多講再好都是白講。**

大人不妨在心中模擬一下，同樣一句「我聽到了」「我了解了」，會因為口氣表情的變化，感覺差很大。神奇咒語最重要的目的，是讓孩子了解「媽媽（或爸爸、老師等）是真的真的知道你在想什麼」，並不是為了趕快結束眼前事件而敷衍應對，更不代表同意或允許錯誤偏差的想法或行為。

## 境情1 晨間不戰爭，輕鬆告別起床氣

有個在學校當英語老師的朋友，來向我求救，他說：「我家的兒子都已經讀高年級了，早上叫他起床，還哭哭啼啼、拖拖拉拉，就是不想起來。那天，我實在忍無可忍，就罵他『娘娘腔』。想不到，情況不但沒改善，兒子還變本加厲，本來一週哭個兩三天，現在幾乎天天哭！」

我大概能理解像朋友這樣的職業婦女的忙碌與無奈，家庭與工作兩頭燒，碰上解決不了的問題難免變的煩躁。於是，我建議朋友在她兒子早上哭啼時，最好先按捺住脾氣，並告訴他「媽媽知道了」「我了解囉」「我看到你的眼淚了」。朋友試著做的那天，兒子果然快速停止哭啼，起床梳理。

後來，朋友找了空閒，與兒子聊起賴床這事，兒子這才吐露心聲，「我覺得沒睡飽、身體不舒服，就想要哭，結果你不但沒有關心我，還罵我娘娘腔，我眼淚就更止不住了」。朋友告訴兒子「原來是這樣，謝謝你告訴我」。後續也協助孩子調整作息（如提早晚餐時間）。不出一個月，兒子起床就不再哭了。

## 境情2 互相較勁的正義之士（抓耙子）

我還在學校教低年級孩子時，下課的十分鐘，除了要把握時間改作業，還要應付一堆圍在我身邊告狀的正義之士：「小明帶電動來」「小杰很小氣，餅乾不請大家吃」「小凱又罵髒話」「隔壁班阿芳上廁所沒關門」……。

總之，任何大事小事都逃不過孩子的眼與嘴。我幾乎難以招架，根本沒辦法專心。可是，總不好直接下達禁令，抹煞他們正義特質吧。我就想，既然都靜不下心來做事，乾脆讓他們一次說個夠。我索性要學生排好隊，一個接著一個，照順序來跟我說，而我就是他們最忠實的聽眾。

過程中，我仔細傾聽，以「老師知道了，待會就處理」「謝謝你告訴這件事」「我剛剛也有注意到了」等神奇咒語來回應，還隨手寫下筆記，讓孩子知道「老師真的有把我的話當一回事」。我利用一節下課這樣做，換來的可是好幾個能夠專注處理事情、改聯絡簿與作業的下課時間。

## 境情3 未達目的就持續碎念的孩子

孩子對於想要的，多半可以堅持很久很久，且對父母窮追不捨，不太容易轉移目標。有時，為了強調多想要，還會一直講一直講，用疲勞轟炸來提醒大人。有次，我在高鐵大廳看到一個六七歲的孩子，嘀咕著「真想吃麥當勞，兒童餐玩具很好玩，拜託再去吃一次麥當勞啦，超想吃麥當勞的薯條……」，不過，他媽媽對此卻充耳不聞。好巧不巧，我們居然搭到同一節車廂，隱隱約約我還聽得見那孩子在說「麥當勞」怎樣怎樣。

這媽媽大概以為使出「忽視法」，就能讓孩子自覺無趣而閉嘴，殊不知毫無效果。其實，在育兒教養的世界，使用忽視法是很不恰當的。忽視會讓孩子感到不被重視、不被在乎、沒有存在感。遇上孩子始終如一的持續碎念，要第一時間告訴他「我聽到了」，讓他明白大人已經接收到他的訊息了。當感受有人聽見心聲，孩子心境便會扭轉，執著度會下降，比較聽得進大人的說明與勸導。

## 情境4 把惡作劇當有趣的偏差行為

有個六歲的調皮男孩，總愛亂按住家社區的電梯對講機，然後再故意躲起來，社區警衛實在不堪其擾。不過，爸媽打也打了，罵也罵了，好言規勸也試了，效果都不太好，三天兩頭就會聽到警衛的抱怨。

於是，我建議爸媽不妨找個幾天，先和警衛打聲招呼，並暫時撇開是非對錯的道德觀念，讓孩子一次按個夠。允許孩子去做，也看著他做，讓他知道大人有注意到他的行為，並明確直接地告訴他「我有看到」「我知道你在按對講機了」，然後，要他「再按一次」。重複個幾次之後，原本把惡作劇當有趣的孩子，竟主動表示「有夠無聊」，完全不想再來一次。

後來，這對爸媽逐漸明白，當初孩子不是想搗蛋，只是想獲得關注，所以，爾後即使工作再累再忙，下班或假日都會撥空陪孩子玩、聽孩子說話。其實，有些喜歡尖叫或舉動怪異的孩子，主要目的也是想要獲得身旁大人的關注，同樣方法當然行的通。

## 境情5 同儕、手足、玩伴間的爭吵或鬥嘴

大人處理孩子間的爭執時，千萬不要當調解委員或包青天，只要請他們講出事件經過與自己想法，盡量同理並了解就好。

有位小學老師很喜歡我的演講課程，連續報名三次進修。她最喜歡「神奇咒語」的妙用，尤其在學生吵架時，可以即刻滅火，堪稱「最佳冷卻劑」。她在班級經營上大量使用神奇咒語，學生模仿她的做法，意見不合的狀況似乎變少了。

這位老師與我分享過，她班上兩位學生的有趣互動。

「你為什麼要對我大吼大叫啊？」A同學莫名引發的怒火。

『因為你的書弄到我的背，很煩耶！』坐在前面的B同學暴躁解釋。

「原來如此，那我知道了」，A同學聽了態度轉為客氣。開始東移西移，把課本往自己的方向移進來，「那這樣子可以嗎？」

『嗯，這樣可以，書的角角不會再刮到我的背了。』B同學語氣變溫柔。

「這樣就好。」A同學的怒氣也不見了。

只是一句「我知道了」的神奇咒語，瞬間讓孩子的態度與口氣軟化，兩人之間的對話格調提升，變得有氣質起來。

她從對話中，發現學生原來會模仿她的處理與說話方式。此後，更督促自己**不要操之過急的調停、排解糾紛或做出批判，而是先做到put yourself into one's shoes，將心比心去「主動了解」，更有機會成功化解。**

境情6

## 夫妻相處時的「答話」藝術

爸爸與媽媽之間的互動出現問題，不良的狀況會延伸至親職教養的範圍，孩子受影響的機會很大。好的家庭教育的基礎，是大人良好的溝通，彼此關係維持和諧、對話維持順暢，就能避免很多不必要的麻煩。

很多人在聽完我的演講之後，除了會留下來諮詢教養孩子的問題，很多時候也會聊到跟另一半相處時的無奈與摩擦。最常聽到的是，其中一方很囉唆，逮到機會就碎碎念，或動不動就翻舊帳，把陳年往事拿出來一件一件算。這時，若左耳進右耳出、裝沒聽見而不回應，對方可能攻勢更猛烈。要是反駁、語重心長給忠告、開始剖析問題，對方似乎不見得開心。

遇到生活不順遂、心情不舒坦，難免想找個人傾訴或發牢騷，這並非想獲得糾正或建議，而是想藉由「我完全了解你的心情」來撫慰負面情緒。我家老爸就很有智慧，常在我媽抓狂念他時，溫柔識相頻說「是是是」「好好好」「了解了解」「老婆說的都對」，我媽聽了不知道該接什麼，還會笑場。看著他們有趣的互動，就知道神奇咒語真的很厲害。

## 必勝練習題

- 面對孩子想達成某目標而吵鬧不休，常用忽略法來應付嗎？下次發生這種狀況，可以使用哪些「神奇咒語」來回應？
- 孩子的偏差行為總是讓人受不了，卻又改不掉嗎？或許，他只是為了吸引大人的注意，試著用神奇咒語表達關注與理解吧！
- 與另一半針對某事正式討論前，試著用神奇咒語來表示同理。這樣一來，彼此的互動與溝通是不是更愉悅更順利？

NOTE

## 第4步 突破心牢的『心靈橡皮擦』

大人常用錯誤方式來制止孩子的壞情緒，好比下令要他立即不哭或不氣。但情緒豈是要它消失就消失？讓孩子多講幾次，大人可以了解來龍去脈，發掘線索，進入內心世界，引導他處理負面事件。

### 操作步驟 問他、聽他、懂他，當個心靈捕手

人卡在不舒服的情緒時，心中負荷會加重，並成為向前走的阻礙，只有勇敢正視並面對，才能讓自己從負面情感中解脫。就像去鬼屋玩一樣，駐足原地的放聲尖叫，恐懼不會退散，閉上雙眼以為不見為淨，鬼怪還是在左右。

想要脫離，必須壯膽往出口邁進，等到成功步出鬼屋，曾經的驚慌失措彷彿過眼雲煙，既然是生命中的過客，又何必太過在意。一個人若能像這樣坦率面對昨日，就不會被昨日攪亂今日與未來。如果可以往出口走，誰想要待在鬼屋裡，沒有人會永遠待在可怕氛圍中吧！

「面對」與「穿越」是擺脫不好情緒的好妙招。勇敢直視不舒服的感覺，別因害怕而閉上眼或撇過頭，看清楚是什麼事造成，才能對症下藥，各個擊破，逐漸穿越並釋放，獲得新體驗。

幫助孩子釋放情緒前，要確定他神智已恢復，若孩子還在哭還在氣，就先等一等，哭完氣完再和他聊一聊。**用孩子口吻耐心詢問、融入情境，多敘述幾次，就能把不開心的事情一次又一次的擦，愈擦愈乾淨**。無須給予任何建議、糾正或評估，只要讓孩子說出來，就有安撫與治癒的效果。

## 境情1 觸景不傷情、擺脫惱人夢魘

某次，我國語課上到一半，小珍突然成了淚人兒。一問之下，才知道是課文裡的情節讓她坐上「時光機」，回到前一晚在浴室跌倒的時候，當下感覺屁股又痛了起來。為了避免小珍觸景傷情，我故意先跳過那個段落。下課時間我馬上找來小珍，教她把公仔當成自己，重演前晚的跌倒經過。

期間我不斷地發問，小珍也一遍又一遍的表演，愈演愈仔細，但痛苦的情緒愈來愈少，不一會兒，她便能以平常心暢談這件事。下一堂課講到一樣的課文內容時，他也能從容面對。順帶一題，孩子夜裡噩夢頻頻，不妨試試看這個方法，用玩偶玩具來重建他的夢境內容，多講幾次，直到他不再害怕。

## 境情2 回憶過去，痛苦的往事忘得了

我曾經輔導過一個在班上遭受人際霸凌的國二女孩。一開始來工作室，她的神情緊繃、心事重重，模樣令人心疼。第一次，我整整兩個小時用「心靈橡皮擦」，聽她敘述一個又一個事件，盡量讓她感受到溫柔陪伴與堅強支持。幾次後，她主動向媽媽表示，自己有種如釋重負的感覺。

透過輕鬆、沒壓力的聊天，孩子會更願意說出所經歷的事與心中想法。尤其在孩子年紀小，表達能力不足時，搭配畫圖圖解或穿插肢體動作輔助，不僅有助描繪細節，溝通起來也會比較順利。

校園內的霸凌事件層出不窮，加上通訊軟體與社群軟體的普及，透過這類媒介進行謾罵或刻意排擠的人際霸凌，大人懂得善用這招，就會變成孩子心目中最讓人放心傾訴的依靠。

## 境情3 面對出口成髒，萬萬不可硬碰硬

孩子即使再壞，仍然會有優點，大人要理解缺點並賞識優點，才能成功改造他們，讓偏差與不良的行為變少。

有個脾氣火爆的男孩，因為口出穢言、動手動腳，跟導師在班上差點打起來而被送來輔導。當下，我沒急著追究他的對或不對，而是以大量的神奇咒語來同理他的行為與抱怨，用「我聽到了」「我了解了」「原來是這樣啊」等字眼，讓他直接感覺獲得認同，幫助他平復情緒。

不過，我很快發現到，即使他沒有剛來時的盛怒，卻仍在嘴邊小聲地罵著髒話。也許他心中還有很多不能放心發洩的心情吧。

我靈光乍現，想到一個辦法。我拿了一張紙和一隻筆給著男孩，告訴他「我明白你是因為生氣，才想要罵髒話。可是，別人聽到也會覺得不舒服，不如把想罵的髒話寫在紙上吧」。他真的在紙上寫了一個大大「幹」字。我故意誇他，「哇，你的字寫得很工整耶，連筆劃順序都全對了」。他聽了，一臉不敢置信的表情。我要他繼續寫，他真的把整張紙都寫滿了。

我就坐在男孩身邊，看著他寫下每一個髒字。過程中，我關注的只是寫的字整齊不整齊、筆畫順序正確不正確。我沒有刻意告訴他那些字眼有多不禮貌，因為我早就把那些背後意義，都先擱一旁，完全不想了。

這男孩大概覺得遇知音了，在我針對他被送到輔導室的原因，問他「怎麼了」時，他侃侃說起上課時與老師的衝突過程，就連在家的委屈都一股腦兒地說了。經過一段時間，男孩的情緒總算穩定下來，連眼神都變得相對平和。

藉由這次輔導，我得知男孩暴走個性，應該是不良家庭教養下的影響，在家稍微不順爸爸的意，他就會被罵三字經或吃竹筍炒肉絲（體罰），耳濡目染下，他也學會用相同模式待人處事。多虧取得孩子信任，讓他詳細描述，讓我曉得後續該如何介入與幫助。

## 境情4 截斷孩子「不想活了」的意念

有個媽媽打電話給我，口氣很著急。她說，最近一週，讀小四的兒子每天都在說「不想活了」，還歇斯底里地說「要自殺」。即使她與爸爸不斷安慰與勸說，仍覺得兒子心中的怨懟仇恨沒有消失。每次看兒子在用電腦，都會擔心他是不是在找自殺的方式，整個人過得心神不寧。

我教媽媽以「只傾聽，不評判」的態度詢問兒子，先得知他最近受了什麼委屈，才能用「心靈橡皮擦」來處理。起初，兒子似乎顧左右而言他，盡講些微不足道的小事，還好這個媽媽很有耐心，靜靜的聽，並表達自己的理解，十幾分鐘過去，兒子終於肯說了。原來是在學校被導師當著全班的面，指責沒寫作業，兒子覺得很沒面子而不爽。媽媽聽到關鍵，便要兒子再講一遍。

話匣子一開，兒子情緒大洩洪，猙獰地說出想法——很生氣、很丟臉、想要翹課、想要打老師。媽媽把是非對錯觀念暫時擱下，繼續問兒子「你想打老師的哪裡」，兒子聽到他這樣問，感到十分狐疑的，「你要不要把棉被捲起來，當成老師，打給我看看」。兒子一聽，興沖沖的去捲棉被。

兒子把棉被抓出一個頭的位置，介紹說「這是老師的臉」，然後開始揮拳頭，媽媽在一旁看著，過一會兒，反而是兒子自己停下來，說「這好像會打死人耶，還好我打的是被子」。

後來，媽媽要他把事情從頭到尾再說（做）兩次，愈說愈仔細，愈打愈起勁，各種招式全部出籠，還戴起安全帽扮鋼鐵人，來場世紀戰鬥。最後，兒子氣喘吁吁，說自己「打夠了，也打累了」。媽媽看得出來，兒子的心情明顯是雨過天青。此時，正是驗收結果的時刻。

媽媽問他「還在氣老師，或想要打老師嗎」，兒子搖搖頭，又問「那還想翹課，或想要自殺嗎」，兒子也搖搖頭。媽媽趁機開導，先要兒子理解老師的難處，並要為「無故沒有完成作業」負起責任。兒子雖然沒多說什麼，只是點點頭，媽媽卻可以感覺他有聽進去。

我持續進行追蹤後得知，這孩子不只比以往開朗許多，連學習態度都不一樣了，本來放學回家，都要三催四請才上桌寫作業的他，變得主動而積極。自殺事件層出不窮，大人要正視孩子透漏的任何訊息，並透過適時適當的疏洪與開導，才能避免憾事的發生。最可貴的幫助，就是發問與傾聽。

境情5

## 失戀不是失去全世界的練習曲

失戀是痛苦的折磨，大人多半曾經體會過，卻很難同理一樣遭遇的孩子，老是用「這有什麼好哭」「以後長大就知道這根本沒什麼」，要孩子快點走出來。對一個戀愛是全部的人來說，失戀等於失去全世界，怎麼可能說了分手就放手。不能或不敢釋放的結果，只會愈加壓抑。

有個高中女生被媽媽帶來我的工作室。這個孩子當初因為男朋友劈腿而提了分手，殊不知結束戀情之後，自己反而難以釋懷，陷入無限惆悵。起初，我先和這孩子聊些無關緊要的事，卸除她的戒心，建立彼此信任。等她稍微熟悉環境熟悉我，我才慢慢進入正題。

我與她談到她與前男友的交往過程，並在「分手」這件事上刻意停留，這畢竟是最關鍵的一件事，得透過技巧性的提問，讓處於安心放心寬心的狀態，才能一次又一次地說，愈說愈多，愈說愈詳盡。

說出來，就是壞情緒的最佳出口。不斷的重複敘述，確實讓這孩子心境逐漸平緩下來。一兩個小時過去，她的眉頭不再緊鎖。

後續女孩的媽媽與我通電話時，才吐露尚未來工作室時，就曾在無意間發現女兒收集好幾篇自殺新聞的簡報，很擔心女兒仍走不出情傷。於是，我叮嚀大人要關注她的心情動態和異常行為，還要給予更多的陪伴和支持。他們真的全家總動員，當起這孩子的心靈捕手，最稱職的後盾支持。

媽媽會在吃過晚餐，邀這孩子與孩子的姐姐一起聊天。這是屬於母女三人的womentalk時間，可以毫無顧忌地暢談心事，這個時空下，他們拋去母女或姐妹的身分，單純的只是三個女人，好幾個週末就促膝長談直到午夜時分。

爸爸雖然不能參與womentalk，也沒有置身事外，除了利用假日帶著全家人到外縣市旅遊，也安排一些運動，如爬爬山、跑跑步等。每次爬到山頂，全家就對著山谷大吼大叫，抒發心中累積的負面情緒。一方面把孩子的注意力轉移到快樂的環境，一方面也讓全家人的情感更為緊密。

當這位媽媽與我分享時，我特地提醒，要是女兒提到關於自殺的事情，千萬不要為了要抑制她的念頭，急著勸說她或開導她，反而要讓她盡情地宣洩，等待她詳細的述說、勇敢表達自己的真實想法、做到情緒真正的釋放，自然而然就會知道用相對理性的態度來面對情傷。

幾週不見，再看到這個孩子時，她確實晒黑不少，不過，整個人變得熱情許多，說起已經逝去的那段戀情，不再感到不捨與怨懟，她腦子裡存放的，盡是熱戀時的美好回憶。

## 必勝練習題

♥孩子怕黑、怕鬼、怕水、怕狗，或有什麼恐懼的事物？問問他當下的感覺或有無特別聯想，透過聊天幫他分析恐懼來源。

♥還記得小時候東問西問的模樣嗎？與孩子聊天時，最好做個擁有「十萬個為什麼」的好奇寶寶，這是稱職傾聽者的第一步。

♥大人要培養「善問技巧」與「耐性」，練習在出乎意料地回應中，切入不同的問句，並一次次重複提問，直到孩子願意敞開心胸。

第5步
# 增強正能量的『倚天劍』

鼓勵孩子多用感官，可以提升觀察力與專注力，還能發掘天賦。此外，藉由體驗記憶中的美好，讓孩子擁有正面情緒，戰勝負能量，當正能量充滿體內，未來的發展與成長自然能步上正軌。

操作撇步

## 回想開心往事，增加感官使用度

倚天劍是一把回憶往事與開創感官的劍，可以提升孩子的正面情緒。當正能量戰勝負能量，成長與發展就能循著正軌，不脫稿演出。**孩子喜歡分享過往的快樂時光，討論愉快趣味的經驗，他們愛講故事，回想能力很強。**

大人千萬不要因為正在忙、不耐煩，或覺得無趣無聊，就要他們閉上嘴巴、別再說了，小心孩子真的乖乖聽話，以後碰到什麼事，都再也不與大人分享。只要想聽，哪怕沒時間，睡前、病假恢復期、餐廳候位、排隊買票、坐長途交通工具等，都是非常適合的時間。

孩子闡述時，大人要巧妙協助把過去式變成現在式，不是讓孩子回到過去，而要把場景搬到當下。鼓勵孩子透過感官知覺，重新體驗記憶中的美好。引導他們加入視覺、聽覺、嗅覺、味覺、觸覺，像是「動物園的孔雀羽毛有哪幾種顏色」「和同學去好樂迪唱歌時，大家點了哪些HIGH歌，包廂裡還有哪些聲音」「起司焗烤千層麵的味道如何」「中秋節烤肉味聞起來如何」「去年的生日禮物，拿起來有多重」等問句，讓孩子更能沉浸其中，陶醉於歡樂時刻。

值得注意的是，**倚天劍只要讓孩子經歷一次完整的回憶就可以了，不需要和「心靈橡皮擦」那樣，一次又一次的重複。**

## 境情1 善用感官回憶往事而發現天賦

每個孩子都有屬於自己的潛能，但再好的能力都需要被開發，並加以訓練才可以展現。提早發現孩子的特質，指引他們認識自己，定義自我角色，有助找到適合的將來志向，也可以少走一些冤枉路，減少摸索的時間。

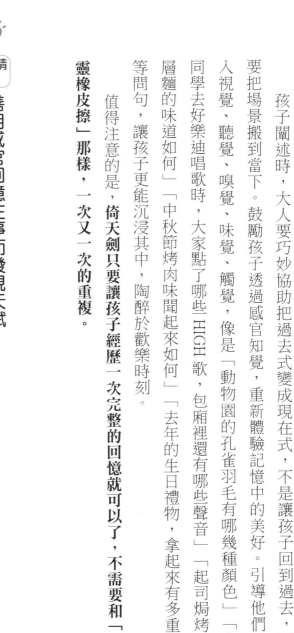

就有個十歲的學生，經常與我分享他的美好記憶，我依照原則去提問，讓他以感官感受來描述。後來，我發現他對嗅覺與味覺的描述，不但記憶尤其深刻且仔細，就鼓勵他以後品嘗美食前，都先聞一聞。

他試著做幾次後，才驚覺自己居然能聞出食物中添加的香料，這讓廚師都對他豎起大拇指。藉此補充孩子正能量，注入自信與樂觀的活泉。

## 情境 2 不只情緒穩定，專注力也變好了

有個超級討厭背書，也背不了幾個字的小二學生，某天，急著跟我分享一件「神奇的事」，他居然輕易的把書背好，而且還是他最討厭的自然。他不過是在下課時間無聊，隨手拿了自然課本翻了翻，沒想到，不到十分鐘就把「石頭硬度表」背下來了，連他自己都嚇一大跳。

原來，他媽媽在參加我辦的讀書會後，學到了「**美好記憶遊戲**」的玩法，持續兩週在放學開車載孩子回家途中，讓兩個孩子輪流回憶，不只她出題讓孩子搶答，

兄妹倆也會互相考驗對方某年某月某日發生的某事，追朔過去的美好時光，讓回家這段路歡聲笑語不斷。無形之中，孩子的反應力變快，專注度也提升，做任何事比之前都更快進入狀況。

## 境情3 削弱驚恐噩夢的美夢製造機

很多孩子夜晚噩夢連連，是因為白天受到驚嚇，又沒有獲得安撫。想讓孩子在穩定情緒中入眠，就幫助他製造美夢吧。回憶美好生活經驗，就是最好的美夢製造機，在正面記憶推波助瀾之下，孩子會開始享受美好，把大部分的注意力，放在愉快的事件上，導致噩夢的經驗值就會慢慢減減。

曾有個國中女生找我求救，她說她看完一部恐怖片之後，已經連續做了快兩週的噩夢，常常睡到一半被嚇醒，睡眠品質跟著變差。於是，我教她在每天睡覺前自己利用十五到二十分鐘，喚醒美好的記憶。大概才做兩週，半夜醒來的情況明顯減少，再兩週，就不做噩夢了。

## 境情4 訓練敏銳觀察力，更懂得察言觀色

具備敏銳的觀察力，才有能力去覺察環境中人事物的變化，與感受周遭的情緒氛圍。不懂察言觀色的人，很容易被認為講話不經大腦，或無形中沒給人臺階下，通常很考驗人際關係。除此之外，善於觀察還有一個好處，就是有助於盡早發現危險因子，避免讓自己誤上賊船。

好比新聞報導屢見不顯的網路或電話詐騙、約會強暴、交友陷阱等事件，往前探究幾乎都是有跡可尋，抽絲剝繭都能找到中途退出的理由，偏偏有人就是看不到眼前疑點，而被一路騙下去，甚至已經上了警局上了法院，仍舊執迷不悟。我猜，最主要的原因就是當事人的洞察力和判別力都不夠，以致一步一步往圈套裡跳，還不自知。

為了防患未然，一有機會我就協助女兒提升這幾項能力，方法很簡單，就是引導她通過不同的感覺、官能，做深入的回憶練習，從色彩、形狀、大小、音質、音量、氣味、口味、冷熱、軟硬、表情、動作、情緒……，各種各樣的描述層面開始，加強訓練孩子對環境的感知能力。

境情 5
## 幫自己從谷底竄出的超正向能量

Fecebook營運長雪柔桑德伯格（Sheryl Sandberg），在二〇一六年六月到加州大學柏克萊分校對畢業生發表演講。演講中，她提及自己的丈夫於二〇一五年五月驟逝一事，並分享自己從這件事中「練習活著」的心路歷程，大大展現了她面對挫折和劇變的韌性。

桑德伯格以親身體驗理出心得，她說「試著尋找那些讓自己覺得感恩的事情，是從悲傷復原的關鍵。花時間把感動的事記下來的人，會變得愈來愈快樂，愈來愈健康。細數著讓自己感到確幸的事情，讓人感覺更加的幸福」。

其實，剛接收丈夫過世噩耗的她，也曾以淚洗面，天天帶著悲痛與煩惱入眠，但當她開始關注快樂時刻，並在睡前寫下三件幸福事，這再簡單不過的舉動，確實改變她的生活，因為不管發生什麼事，她都能帶著雀躍入睡。

相同的辦法也幫助一位抑鬱寡歡的老婆婆。老婆婆長年飽受婚姻折磨，總是強顏歡笑的過生活。因為我技巧性的提問，老婆婆一改隱忍態度，嘗試說出心裡話，也回想起曾經經歷的美好。

我就每天帶領著她回憶一兩件好事，不久後，她不再自怨自艾、封閉自己，開始相信自己仍然可以再度擁有，那些曾經有過的美好。從本來對自我人生抱持的悲觀中，找到反彈的動力。老婆婆就此參加長青學苑的才藝課程，還結交了許多愛爬山的同好朋友。

## 境情 6 白日夢想像工廠，希望無限擴大

一本我很喜歡的書《Self Analysis（自我分析）》中提到「想像是件好事，不是壞事。例如，白日夢可以讓一個人把不盡如意的生活變得還過去」。想像力可以天馬行空、無拘無束，如果覺得回憶不夠美好，何不發揮想像力來變好呢。去一趟夢幻的歐洲之旅，遇見出其不意的驚險；向自己喜歡的人告白成功，共度美好的燭光晚餐；就算旁人皆投反對票，仍完成理想目標；獲得夢寐以求的工作機會，擁有高額收入；贏得一場勢均力敵的比賽，與競爭者公平切磋等。想像讓人暫時拋開煩惱，並為生活增添希望。

## 必勝練習題

♥ 引導孩子多用感官感受去描述生活中的小確幸，期間看看孩子的觀察力、專注度與反應力有無因此加分。

♥ 帶領孩子回憶美好，持續進行一個月兩個月或更久，並觀察他的情緒波動有無變得穩定，或其他心境上的改變？

♥ 孩子抱怨過自己的世界不夠美麗嗎？不如從爸媽開始做起，用想像力來製造更多美好的境界吧！

# 第6步 殺掉惡魔聲音的『屠龍刀』

人心裡住著天使與惡魔，二者彼此抗衡、拉鋸。若天使聲音不敵惡魔聲音，恐怕會把人帶上絕路。唯有消滅惡魔，才能拋開枷鎖。屠龍刀的功能就是協助孩子消除負面思緒和心靈垃圾

## 操作步撇 寫下惡魔聲音，並徹底的毀滅它

人最好的朋友是自己，最大的敵人也是自己，心靈有天使，也有惡魔，兩者始終拉鋸，彼此對抗。

好比酒駕廣告中，駕駛出發前與正反人格的對話，天使勸他「精神不濟，上路太危險了」，惡魔則鼓勵他「偶爾開一次而已，又不會怎麼樣」，這時要是自制力不足，沒趕緊徹底消滅惡魔聲音，後果可能不堪設想。

事物都是一體兩面。再樂觀的人，也會有悲觀的時刻，再堅強的人，也有軟弱的時候。最怕的不是他人出面阻擋，而是自己不戰而降。

消滅心中的惡魔，才能拋開重重枷鎖。屠龍刀與心靈橡皮擦的功能一樣，能協助孩子消除負面思緒和情緒垃圾。兩者最大的不同就是，心靈橡皮擦需要大人提問，一次又一次慢慢地擦乾淨，屠龍刀則是把方法教給孩子後，他就能自己執行，**尤其適合用在「孩子不想說的時候」或「大人無處說的時候」**。

教會孩子與自己「正視它面對它，就能擺脫它」的觀念。再找個安靜空間，讓孩子仔細聆聽腦中的惡魔聲音，把那些負面想法、不好情緒、不舒服感受、奇怪衝動、壓抑感、固執念頭、傷心經驗或事件……，完完全全地寫在紙上，寫到有舒暢之感為止，然後，再把紙撕碎撕爛，丟到垃圾桶中。或許，很難馬上斬草除根，但至少可以防止惡魔聲音占上風。

## 境情1 贏得內心戰鬥，就能重拾自信心

有位學生去參加羽毛球雙打競賽，雖然輸了上半場，但和對手的分數差距非常小，況且雙方實力相當，若下半場能趁勢追擊，極有可能獲得勝利。

然而，即使教練對此樂觀，學生與他的夥伴卻不斷說「不可能、做不到、太難了」的負面話語，攪亂彼此心理。還好，學生的媽媽趕緊準備兩張紙和兩枝筆，要孩子與隊友一起寫下「惡魔聲音」，兩張紙寫得滿滿滿。撕毀丟掉之後，兩人似乎信心大增，更專注聽從教練指導。下半場全力以赴，最終真的逆轉奪冠。

## 境情2 想法大掃除，心靈垃圾全滾開

有個可愛小女生對我傾訴，「煩死了，大家都說我很肥，又說我是四眼田雞，而且我的度數又變深了。有什麼方法可以幫我嗎」。我教她做想法「大掃除」，把討厭的批評和擔心的感覺全寫下來。她寫滿五大張A4紙，用剪刀剪到不能再碎。我坐在她身旁，似乎感覺那股強大的信心氣場，又回歸她的身邊。把心靈垃圾掃得愈乾淨，愈能住進更多積極樂觀的想法。小女生的心情豁然開朗，還告訴我，常常這樣做之後，倒楣的鳥事情變少了，幸運之神常常眷顧她呢！

參加考試、競賽、表演前，孩子可以透過這個方式，訓練自己整理想法，把負面干擾（如緊張、焦慮、不安、恐懼等）一掃而淨，才能心無旁鶩去應戰，堅定的完成目標。**孩子學會運用屠龍刀來自救，碰到心情不佳或情緒低落時，就會自動自發做清掃工作，而不是讓自己蜷縮在陰影中。**

## 境情3 停止鑽牛角尖，不再自陷困境

大人小孩都會有惡魔聲音，所以不只孩子要教，大人自己也要學。尤其當了家長之後，很多爸媽都會給自己過高的要求，有時搞不好是不太合理的期待，但卻會因為做不好，而跟自己過不去。

我在教師進修課程裡，碰到一位輔導主任，她正準備考校長。個性使然，她對自己要求頗高，導致心情跌宕起伏。不過，她在做了幾次「消滅惡魔聲音」的功課後，領悟到自己容易鑽牛角尖，老是自陷困境，發現原來她不是跟事情過不去，而是跟自己過不去，老是在跟自己僵持與對抗。

因為看到自身的盲點，主任逐漸能卸除自己設下的障礙。毫無疑問的，她十分順利的考上校長。本來個性固執的她，做起事來稜角分明，總是正襟危坐，顯得嚴肅而拘謹，頓悟之後，她懂得擇善固執。

## 境情4 為他人也為自己集氣的支持力量

二〇一五年的八仙樂園塵爆事件，造成多人死傷。一個學生告訴我，她表姐被送到加護病房，等待兩天仍未甦醒，家屬心中百感交集，在信心與失落間游移不定。可是，負面想法對於傷患並無幫助，只會讓人深陷愁雲慘霧。我教她把這一套傳授給家人和親戚。於是，大家總動員寫下對八仙事件的負面想法。第三天，學生的表姐醒過來後，家屬也能用正面態度來陪伴她。

這就像是常聽到的「網路集氣」，透過累積正向的想法，產生好的磁場，形成一股支持力量。收集正氣的同時，一併甩掉煩惱、清除負能量，會更快更容易「集滿正氣」，晦氣自然一掃而空。

境情5

## 培養「樂觀力」，加強「行動力」

一個高二女學生來找我，她說因為某個同學的故意挑撥，導致她與閨密間的情感生變，互有疙瘩心結。本來無話不談，連回家都要講電話的她們，已經快要三週沒有說話了。雖然，她極度想修復彼此關係，卻沒有勇氣放下身段開口，也害怕萬一閨蜜完全不搭理，不就更加尷尬。

很多時候，人就會像這樣子，很想抱持樂觀態度來面對事情，腦海裡卻不時縈繞著悲觀想法，因而失去了信心，出現一堆阻礙行動的遲疑與擔憂。這個女學生就跟我說，她很不喜歡自己躊躇不前的樣子，明明知道應該怎麼做才好，卻難以克服心魔，採取行動。

我教她將心中的惡魔聲音寫下來，然後撕碎丟掉。寫多少，就能消除多少。於是，她拚命地想，賣力地寫，帶回家之後，也繼續寫，就像把所有的不快從心靈電腦列印出來，再銷毀殆盡一樣。

果然，一覺醒來，所有的負面念頭，早被拋到九霄雲外了。她不再被惡魔聲音糾纏，也不再害怕，鼓足了勇氣表達想法，總算與閨蜜握手言和了。

若要提升孩子的樂觀力與行動力，就一定要把這把屠龍刀教給孩子。**將負面想法丟出來，才能再放入新資料，如此才能日日更新，充滿正向元氣**，迎接每一個挑戰時，就會有更強烈的完成意圖。

## 必勝練習題

- 找個安靜的空間，陪孩子找出困擾多時的壞經驗，讓他寫下負面的感覺，鼓勵他在紙上盡情宣洩，並將之拋諸腦外。
- 孩子最常在哪些時候產生悲觀想法？若是他們不想對大人講，記得提醒做「心靈垃圾大掃除」來削減惡魔的聲音。
- 最近你被哪些「惡魔聲音」與「心靈雜質」困擾呢？先全部寫在一張紙上，並撕爛丟掉，再聽聽心中出現的天使聲音吧！

NOTE

第7步

# 主動反省的『真心話不冒險』

要孩子老實說，必須有善問技巧，還要說話算話，要是據實以告只會被罵，誰想要說真話啊。在「不冒險」環境中，把「真心話」說出來，孩子同步自我檢視，多做幾次，就能達到反躬自問與反求諸己的效果。

操作步驟

## 和孩子一起找到「對的理由」

要孩子說實話，必須拿出善問技巧，還要真正「坦白從寬」，絕對不要秋後算帳，最重要的是，讓孩子有意願據實以告。在事發當下或過後，利用三個問題，引導孩子將「心中以為對的」說出來，在說明「對」的原因中反省，並協助他在回答過程檢討，思考其他更好做法或替代方案，進而改善不好行為。

第一問「為什麼你覺得（認為）＿＿＿＿是對的事情呢？」

第二問「說十個（或更多）＿＿＿＿的理由來說服我吧！」

第三問「對你而言，有哪些事情是對的呢？」

以上三個問句，可以輪流替換，或搭配使用，以口頭方式詢問，或用寫的都能達到效果。

空格裡可以是偏差、不恰當（不適時）的行為，或大人想讓孩子自我覺察，進而修正的「症頭」，大到偷錢、翹課、作弊、說謊、罵髒話、欺負或霸凌同學，小到遲到、偏食、看漫畫、咬指甲、不愛乾淨、不寫功課、不遵循玩電腦手機的規範等都適用。

**即使發現孩子的回答違反常理、有失準則、偏激、幼稚、狡辯、硬拗，都不必搶在第一時間糾正，只需要改變問話的方式，從多個角度切入就足夠了**。大人要是失去耐性，不願了解原委只顧罵人，或說好不處罰卻出爾反爾，不僅會失去孩子的信任，也是最不良的身教示範。

向孩子發問的主要目的，是要幫助大人多理解孩子。最好用輕鬆的態度去傾聽去理解，回應孩子「我聽到了」「我明白了」「謝謝你告訴我」「原來如此，我懂了」「我知道你會這麼做的原因」等。這樣回答的目的，不是同意孩子錯誤或不良的行為，而是在接收到孩子的訊息後，釋出大人願意去了解的誠意。這樣一來，親子溝通才能順利進行。

孩子在「不冒險」的環境下，把「真心話」說出來，也同步在做自我檢視，多做幾次，就能達到反躬自問與反求諸己的效果。總而言之，大人要孩子改過遷善，做到洗心革面，就要以高超智慧來處理，並讓孩子沒有任何耽憂或風險，完全放心的講出真心話，坦白說出自己不該做的，或該做卻沒做的事。與其大聲斥責，不如幽默以對。先讓孩子放心講，再來曉以大義也不遲。

## 境情1 讓孩子盡情辯解，他會自省做錯的事

有個男孩在學校偷錢，被老師寫聯絡簿通知。他爸爸找到一個機會，問了兒子：「為什麼你覺得『偷錢』是對的呢？」

親子對話就此展開。

兒子說：「偷錢是不對的呀，爸爸你怎麼會這樣問我啊？」

爸爸接著說：「既然你知道偷錢是不對的，那你會偷錢一定有什麼特別的原因吧，請告訴我二十個你偷錢的理由。」

兒子逮到機會，天花亂墜講起來，「因為早餐都吃不飽，只好偷錢買」「因為同學家窮，我就做善事，幫他買一份早餐」「因為上次你答應送我玩具，卻食言而肥」「因為你零用錢少給我了」「因為我的錢也被偷了」「因為我要買文具，但你不讓我買」「因為……」，一個理由接著一個理由不斷拋出，辯解成分明顯偏高，爸爸仍按耐住性子，做好傾聽者的角色。

才講不到十個，兒子就忽然露出抱歉的神情說「好了啦，不要再問了，我知道錯了啦」。此後，兒子沒再偷過錢。**當孩子的藉口得到大人全心接納，他便會顯得自慚形穢，覺得過意不去而真心悔過。**

## 境情2 得到足夠的「對」，就是改過自新的機會

一個在美國教書的朋友，曾遇到一位桀驁不馴的十四歲男孩 Peter。Peter 老愛在課堂上搗蛋，還常對老師嗆聲。有次，朋友當全班同學的面，不留情面的訓斥 Peter 一頓，Peter 烙下一句狠話，說：「你死定了，給我走著瞧。」

事後，朋友想想，自己做法也有不妥之處，畢竟，在這超愛面子的青少年階段，誰都不能忍受在眾人面前被「洗臉」吧。於是，放學前他告知班上學生，說有件重要的事情要說明，並請 Peter 到前方講臺上來。同學屏氣凝神的看著，心裡都在想著：「Peter 準備被記過了吧，這下子他才要死定了！」

然而，朋友卻擁著 Peter 的肩膀（給足他安全感），說：「今天 Peter 會這麼憤怒是有原因的，我認為有對的理由支持他這樣做，換做是我，我也會這麼氣，所以我能了解。」

被老師賦予大量的「對」的當下，原本垂頭喪氣的 Peter 漸漸抬起頭來，似乎發覺自己「做得正，行得直」，因為從沒有一個老師在他做了錯事時，還能這樣理解他。放學後，Peter 主動交出帶在身上的一把小刀給老師。

事件過後，朋友被學生愛戴的程度瞬間暴增，尤其受到一群「壞學生」的尊重，把他的話視為聖旨，只要是他交代的作業或報告，一定可以如期完成，努力以赴。Peter 也出現三百六十度的驚人翻轉，不只壞脾氣改了，學習態度也改了，課堂上認真聽講，也主動發言，力求表現。**讓做錯的孩子獲得足夠的對，他會捫心自問做反省，這是一帖輔導良方。**

境情3

## 心聲不被忽略，激發面對錯誤的勇氣

某次，有位熟識的國中女生拿聯絡簿給我，要我檢查是否有異樣。我一看，聯絡欄被寫上「警告兩支」，再仔細一看，發現家長簽名欄是這孩子模仿媽媽字跡簽的。這孩子開玩笑的說，「這可是我苦練的成果，學得很像吧」。

原來，她不想讓爸媽知道被記警告，只好出此下策。她說，平常不管發生什麼事，她的爸媽總是大驚小怪，要不就是不分青紅皂白就把她列為「頭號嫌疑犯」，不能申訴平冤，只能聽候審判。

我懂她的考量，卻又不能完全放任。我想，既然她都跟我說了，也許能機會教育一下。為了不被識破伎倆，或太明顯是針對「偷簽聯絡簿」這件事，我就使用了「對你而言，有哪些事情是『對』的呢」的問句，要她說五十個答案，藉此來提升她的「對的能力」。

剛開始，她的答案顯得規規矩矩，合乎常理。她說「有禮貌是對的」「孝順父母是對的」「互相幫助是對的」「不酒駕是對的」「說話算話是對的」「早睡早起是對的……」，總之，都是一些標準答案。

後來，我要她不妨說一些自己想做或已經做的，卻（可能）遭受批評或指責的事。看她似乎有所顧忌，我便再三掛保證，她的任何說法都會保密，絕不會跟她爸媽告狀，當然不會成為「呈堂證供」。

她聽了，愈講愈敞開心胸，說「大吃大喝是對的」「紅燈右轉是對的」「上學遲到是對的」「玩手機是對的」「和弟弟吵架是對的」「講同學壞話是對的」「沒寫功課是對的」「偷簽聯絡簿是對的」……。明顯都是錯到離譜的事，我依舊保持氣定神閒，一派從容回應「嗯，我了解，還有哪些事情呢」。我要讓她感受到，她的心聲被我聽到了。

下次再見面時，她早已把被記警告與偷簽聯絡簿等事，向她的媽媽全盤托出並道歉了。她還說，媽媽聽了之後，只有小小發脾氣，要她下次別再如此。當我訝異她媽媽的理性時，她沾沾自喜，略帶神祕地告訴我：「我是老師的得意門生，知道用什麼技巧和媽媽溝通呀！」

記住，**當孩子的想法或心聲沒有被忽略，而是一一被理解時，就會激發他去面對的勇氣，當然就更願意去承認自己的錯誤，進而修正這些行為了。這是一種學會負責的自我突破。**

境情4

## 角色互換小問大，爸媽也可以講真心話

本來是無話不談的一對母子，卻由於媽媽不小心把兒子在班上的戀愛對象，說溜嘴讓導師知道，造成兒子心中的疙瘩，擔心自己的「祕密」，是不是都會被媽媽說出去，甚至架起一道道防衛高牆。兒子就好像變了一個人，不論媽媽如何示好，都沒有得到善意回應，母子關係瞬間結冰。

媽媽為了突破僵局，趁著晚餐後，她和兒子都還坐在餐桌旁，進行「真心話，不冒險」的練習。她問兒子「對你而言，有哪些事情是對的呢」，殊不知馬上就被兒子吐槽，「好無聊的問題，我不想回答」。

還好媽媽很有智慧，沒有因此惱羞成怒，反應也夠機警，提出了另外一個方式，說「不然，媽媽說十個答案，你只要回答五個就好」，並約定好不論聽到什麼樣奇怪的答案，都要用神奇咒語（如「我了解」「聽到了」「謝謝你告訴我」等）來回應彼此。兒子總算答應了。

遊戲開始。由媽媽先開始講。「認真工作是對的」「敦親睦鄰是對的」「孝順父母是對的」，兒子點頭，也回應「我了解」。

突然之間，媽媽的回答大轉彎——「瘋狂追韓劇是對的」「愛吃甜點變胖是對的」「逢年過節不用大掃除、盡情玩樂是對的」，兒子一聽，露出一副不可置信的模樣。接著，媽媽又說「孩子頂嘴，大人打罵是對的」，兒子嚇到瞪大雙眼，但還是遵守規則，不能反駁，只能回應「我了解」。

後來，當兩人的角色互換，兒子彷彿憋了很久似的，不吐不快，迫不及待把心裡話全都說出來，他說「兩人吵架互相嗆聲是對的」「吃很多零食或垃圾食物是對的」「打電動到天亮是對的」「想交女朋友是對的」「學校沒有考試是對的」，五個答案不到一分鐘就做答完畢。即使他說的這些「對的事情」，都十分「荒唐」，媽媽仍然面不改色，豁達回應「謝謝你告訴媽媽這些，我都聽到了」，絲毫沒有摻雜任何批評與怪罪。

這個本來被認定為無聊透頂的遊戲，居然成功幫助母子倆修護不佳的關係。遊戲結束後，兒子心房打開了，話匣子也打開了，跟媽媽一聊就是兩個小時，有很多都是媽媽以前不知道的心聲，還提醒媽媽，千萬不能告訴爸爸，說是屬於他們母子之間的祕密。

## 必勝練習題

- 教養過程中，是否常遇到以下現象：孩子做錯事了，愈是要阻撓他糾正他，他愈想一再嘗試那些錯誤偏差的行為？
- 試著先放下成見，再全心理解與接納，讓孩子不再豎起敏感的地雷探針，無顧慮的把他認為對的事情說出來。
- 別用體罰責罵來對待孩子屢勸不聽、知錯犯錯的行為，利用三個問句，讓孩子主動自我省察，他才願意重新修正。

## 第8步 說『謝謝你幫助』的超強力道

接收他人的幫助後，說聲「謝謝」是最基本的禮儀。不過，「謝謝」兩個字聽在孩子耳裡，聽多了好像也沒什麼感覺了。想要讓孩子有幫助成功的正面經驗，記得改用「謝謝你的幫助」來加強力道，有如虎添翼之效。

### 操作步撇 增強感謝力道要說「謝謝你的幫助」

「幫助」是人的天性，更是這個宇宙運行的原理。雨水落下，幫助花草樹木的蓬勃生長；小丑魚與海葵是互利共生的最佳拍檔；就連一個嬰兒，也會用可愛的笑容，逗趣的表情，讓周遭的人感染氣氛。彼此幫助，互相扶持，世界就能更加良善更加美好。

其實，大部分的人都期待被他人（尤其是身邊的重要他人）需要，不論是被賦予重要性，會是被肯定其價值。若是能透過「幫助」來貢獻自己，就代表自己的存在很有意義，是個有能力的人。

接收他人的幫助時，多數人會只講「謝謝」兩個字，這是最基本的禮貌。不過，光用這兩個字來回應，孩子無法明顯感受到自己「成功幫助別人」，更別說要從中贏得成就感或認同感了。

如果想要加強感謝的力道，就千萬不能當省話爸媽。最簡單的方法是在「謝謝」之後加上「幫助」，或孩子幫忙的某些事情，像是「謝謝你幫忙把浴室地板刷乾淨」「謝謝你幫大家盛飯」等，這不僅是表達深刻感謝，同時是在肯定孩子「做得到」的事情，目的是讓他有「成功幫助」的正向經驗。

天下爸媽都愛孩子，總是無求回報的協助，不論食衣住行育樂，在各方面付出心力與體力。正常狀況下，孩子不但能體會爸媽的用心，也會想給予回報。若刻意阻攔，不讓孩子「幫忙」，他們會感到不安，覺得有所虧欠，甚至認為自己不屬於這個家的一份子，是不被家人認同的成員。

別再捨不得孩子，或多餘的擔心與操煩，讓孩子多點幫忙的機會，並讓他明白「大人很感謝他的幫助」。**當一個人被允許幫助與付出貢獻，而且獲得他人的讚許時，他就會變得自信又能幹，感到自在而快樂。**「謝謝你的幫助」是讓人感覺幫助成功、回復生命熱忱的力量。

## 境情1 加倍耐心與包容，激發孩子做事能力

我的女兒是家族中第一個孫字輩的孩子，小時候的她，集三千寵愛於一身，大人完全捨不得她做家事，但是，每次看她想要幫個忙，卻被拒於千里之外的失望表情，我反而還比較不捨。

為了不引起紛爭，我特地選在某天只有我與她在家的時刻，允許她進廚房幫忙洗碗。那時，女兒個子小，站在椅子上，還得墊起腳尖才碰得到洗碗槽。安全起見，我當然全程在旁陪同，一邊看著女兒拿著菜瓜布，勤奮刷洗鍋碗瓢盆，一邊還不忘誇獎她「哪個部分做得很好很棒」。其實，同一時間我正在為不斷從流理臺流到地板的水感到煩惱。洗的差不多了，我先對女兒說「謝謝你幫忙洗碗」，再提點幾個洗碗的訣竅，告訴她下次記得試試看（聽到還有「下次」，女兒可是興奮極了）。最後，我再請女兒和我一起清理早成水鄉澤國的廚房。

讓孩子幫忙做事，確實是個很大的工程，大人不只勞累程度加倍，耐心與包容力也要跟著加倍，不過，我依然覺得相當值得，因為過程中孩子的能力會被激發，相信自己是個有用之材。

## 境情2 施行「完美主義」造成的慢性中毒

有些爸媽喜歡追求高分，不允許孩子任何疏忽，總是用超乎能力的高標準來要求。但似乎不管孩子怎麼做怎麼改，就是做不好做不對。就算再怎麼努力，始終很難得到大人的歡心。

當孩子發現自己做什麼都不能獲得讚賞，根本無法變成爸媽心中的完美小孩時，就會掉進「慢性中毒」的陷阱，大人失望的表情與嘲諷的言語，就像是隱形的毒藥，一步步毀掉孩子的自尊與自信。

人都不可能完美無缺，大人小孩都一樣。爸媽要丟掉完美主義的迷思，接受與接納孩子的偶爾出槌。有位媽媽在聽完我所說的這段話後，彷如晨鐘暮鼓，終於明白為什麼自己與兒子老是處不來了。她逐漸調整原有心態，從找到機會就挑剔的嚴苛媽媽，變成把握機會就讚美的親切媽媽。她時時刻刻都提醒自己，要讓孩子「抱持希望」，讓他有所斬獲。

別總是關注孩子沒做好的事，一天到晚「雞蛋裡挑骨頭」，應該要多感謝孩子的幫助，並針對任何「有做到」的部分，進行稱讚。

## 境情3 冷戰破冰與修復裂痕的化學作用

某位爸爸因兒子沉迷網路遊戲，使出拔掉網路、電腦上鎖、沒收 iPad 與手機等激烈手段，兒子也用冷戰宣示他的憤怒，父子之間瀰漫濃濃火藥味。爸爸雖然苦惱萬分，但兒子拒絕溝通，雙方無話可說。

媽媽想協助父子破冰，就要求另一半配合，讓兒子有多一點「成功幫助」的經驗。於是，在清明節南下祭祖的途中，便故意安排兒子坐在副駕駛座，經過高速公路收費站，由兒子拿回數票給擔任駕駛的爸爸。拿到票券後，爸爸會大聲對兒子說「謝謝你的幫忙」。一路經過六個收費站，就講六次。其實，講第三、四次時，兒子已經開始 murmur「爸爸真是古怪又噁心」了。殊不知，旅程中的刻意安排，在兒子心中起了「化學作用」。

回家過後幾天，還在加班的爸爸接到兒子打的電話，雖然只是用冷酷的語氣告知「媽媽說今天有煮苦瓜排骨湯，記得回來吃飯，就這樣」，但至少他有願意打這通電話，僵持已久的關係逐漸軟化。之後，爸爸找到機會就會用相同方法，讓彼此的對話與互動次數更頻繁，間接修復了父子的感情。

## 境情4 製造手足或同儕相互合作的幫忙機會

在學校，有的老師會特別挑選手腳俐落，反應機敏的學生，來當小幫手（小老師）。畢竟，都說是要「找人幫忙」了，就是想讓事情變得更順利，當然是領悟力高的孩子優先入選了。

不過，若其他的學生完全沒有機會幫忙，就會覺得小幫手搶盡風頭，搶走所有的工作，導致自己不被老師需要，嚴重的話，還可能引發同儕間的忌妒，後續可能衍伸出排擠或霸凌等問題。

就有一位家長和我聊到她讀小一的女兒，因為動作機靈又熱心幫忙，常被老師分派任務。可是，受到導師青睞與讚賞的她，卻不受班上同學歡迎。於是，我建議家長要找老師溝通，請老師改變一下做法，也就是在分配工作時，一併提供其他學生幫忙機會，不要讓女兒「一枝獨秀」。

同時，教女兒合作概念，讓她知道有同學協助，事情會做得更棒更有效率，還要記得在事情完成後，告訴同學「還好有你的幫忙」「有你真好」「謝謝你的幫助」。

不久後，就聽這位家長說，女兒在班上的人緣已有顯著改善。

境情5

## 用正向貢獻（成功幫助）取代負面處罰

**用「貢獻」代替「懲罰」，是有效矯正和理性管教的模式，能讓一個人真正變好。**處罰證明的是錯的部分，是持續惡化下降的螺旋，而貢獻則在肯定對的地方，讓當事人警覺「自己其實沒這麼糟糕」。

曾有位痛心的媽媽，帶著兒子來上課，希望我「拯救」她的孩子。原來，她就讀高職的兒子，是學校裡出名的暴力男，還把「混黑社會」設定為未來志向。但幾次上課下來，我觀察到這孩子並沒有這麼壞，好比滑手機滑到關於保護動物的影片或文章時，他總會花上一些時間停留閱讀。

於是，我便找了幾個機會，帶著他去參與公益活動，期待他能把溫暖的心付諸行動，散發給需要的人。同時，對於他的任何幫忙都給予肯定，沒多久，他就能主動對周遭人事物釋出善意和包容。

那年的母親節過後幾天，媽媽打電話給我，說收到兒子送的一束玫瑰花和道歉卡片。她哽咽地告訴我「善良的兒子終於回來了」。其實，**沒有天生的壞孩子，只有不被理解的孩子與找不到好方法的父母。**

## 必勝練習題

- 孩子常有「幫助」大人做事的機會嗎？想想看，爸媽如何在現有的生活條件下，製造更多孩子「成功幫助」的經驗？
- 當孩子好不容易做完某件事，開心展現成果時，你曾經因「完美主義」而雞蛋裡挑骨頭嗎？試著把焦點放在好的表現上。
- 不只是幫自己和孩子，也要協助身邊的人恢復正向，可能是飽受病痛的親人、屢犯校規的學生、對教育失望的老師，讓他們有機會重獲生命力吧！

NOTE

SH0156

# 撕掉孩子的NG標籤
## 先接納，再賞識，就能順應特質教

作　　者／王君卉（王晴）
選　　書／林小鈴
企劃編輯／蔡意琪

行銷企劃／洪沛澤
行銷經理／王維君
業務經理／羅越華
總 編 輯／林小鈴
發 行 人／何飛鵬
出　　版／新手父母出版・城邦文化事業股份有限公司
台北市中山區民生東路二段 141 號 8 樓
電話：02-2500-7008　傳真：02-2502-7676
E-mail：bwp.service@cite.com.tw
發　　行／英屬蓋曼群島商家庭傳媒股份有限公司城邦分公司
台北市中山區民生東路二段 141 號 11 樓
書虫客服服務專線：02-2500-7718；02-2500-7719
24 小時傳真專線：02-2500-1990；02-2500-1991
服務時間：週一至週五上午 09:30 ～ 12:00；下午 13:30 ～ 17:00
讀者服務信箱：service@readingclub.com.tw
劃撥帳號／19863813　戶名：書虫股份有限公司

香港發行／城邦（香港）出版集團有限公司
香港灣仔駱克道 193 號東超商業中心 1 樓
電話：852-2508-6231　傳真：852-2578-9337
電郵：hkcite@biznetvigator.com
馬新發行／城邦（馬新）出版集團 Cite(M) Sdn. Bhd.
41, Jalan Radin Anum, Bandar Baru Sri Petaling,
57000 Kuala Lumpur, Malaysia.
電話：603-9057-8822　傳真：603-9057-6622

封面設計／劉麗雪
內頁排版／李喬葳
製版印刷／卡樂彩色製版印刷有限公司

初　　版／2017 年 04 月 27 日
初版 3.5 刷／2021 年 03 月 08 日
定　　價／330 元
ＩＳＢＮ／978-986-5752-54-5

Printed in Taiwan
城邦讀書花園
www.cite.com.tw

**國家圖書館出版品預行編目 (CIP) 資料**

撕掉孩子的 NG 標籤 / 王君卉（王晴）著 . -- 初版 .
-- 臺北市 : 新手父母 , 城邦文化出版 : 家庭
傳媒城邦分公司發行 , 2017.04
□ 面 ; □ 公分
ISBN 978-986-5752-54-5( 平裝 )

1. 親職教育 2. 子女教育

528.2 106002630